맛있는 수업비밀 레시피, 햄버거 모델과 러닝 퍼실리테이션

가르치지 말고
배우게 하라

학교편

KB193305

가르치지 말고 배우게 하라

맛있는 수업비밀 레시피,
햄버거 모델과
러닝 퍼실리테이션

학교편

저자소개

정강욱

러닝 퍼실리테이터이자 조직개발 컨설턴트다. 교육학 분야 베스트
셀러『러닝 퍼실리테이션: 가르치지 말고 배우게 하라』와『온라인 라
이브 클래스: 비대면 교육과정 설계와 러닝 퍼실리테이션 실전가이
드』를 저술했다.

개인과 조직의 실제적인 '변화와 성장'을 위해 '배움과 성찰'을 촉진
하는 일을 하고 있으며, 무엇보다 가치 있는 결과를 만드는 '진짜 일'을
좋아한다. 그 일을 탁월하게 해내는 것이 '업'이고, 그 일을 선수들과
함께하는 것이 '낙'이다. 바로 이 '업'과 '낙'을 누리며 '진짜 일'을 하려고
리얼워크 REALWORK를 창업했다.

LG전자에 최우수 사원으로 입사, 이후 GS그룹과 한국리더십센터
에서 HRD스페셜리스트로 재직했다. 한동대학교 경영경제학부, Hel-
sinki School of Economics MBA, 서울대학교 산업인력개발학 박사과
정에서 공부했다. 삼성, 현대, LG, SK, GS 등 유수의 기업에서 교육과
정을 개발하고 워크숍을 설계하며 학습을 촉진하고 있다.

조선형

아이들의 변화와 성장을 포착하는 즐거움으로 교직 생활을 이어가는 수석교사이다. 『2015개정 교육과정 YBM(최) 초등영어 교과서』와 『2015개정 교육과정 비상교과서(김) 초등 사회교과서』의 집필진이며 『on교육과정재구성』의 공저자이다.

'십 수년간의 학령기동안 학습의 즐거움을 알게 하는 것이 학생들의 진정한 변화를 끌어낼 수 있다'는 교육철학을 가지고 있으며, '교육과 학습 자체를 즐기는 것이 교사의 진정한 전문성'이라고 믿고 있다. 그러한 전문성을 다른 교사들과도 나누고자 수석교사의 길을 선택하여 함께 연구하는 동료 교사들과 연구의 즐거움을 누리고 있다.

교육부 산하 국립국제교육원의 원어민교사 오리엔테이션 프로그램에서 강사로 활동했고, EBS영어교육채널에서 파견교사로 근무하며 『Touch 초등영어』시리즈를 진행하기도 했다. 전국 시도 교육청 교육연수원에서 연수를 진행하고 있으며 서울특별시교육청 IB 초등연구단의 단장을 맡아 연구단 선생님들과 함께 IB 초등교육 프로그램에 관해 연구하였다. 학습자가 자신의 학습에서 주도성을 키울 수 있는 다양한 철학과 전략에 관심을 두고 연구하고 있다.

신현주

아이들의 삶과 책에 관심이 많으며, 교실 현장을 들여다보고 아이들의 이야기를 듣는 것을 좋아하는 초등교사이다. 광주교대를 졸업한 후 교사 생활을 하면서 서울대학교 사범대학원 대학원 석사 과정을 졸업하고, 스키마언어교육연구소에서 연구원 과정을 마쳤다. 교실 현장에서 수업과 학습을 연구하고 실천하며 기록하는 것을 좋아한다. 『천천히 스미는 독서교육』을 펴냈고, 경기도 사이버 도서관의 '책수리 마수리' 독서 프로그램 개발 및 제작, '2022 개정 교육과정 적용에 따른 평가 방안 연구'에 함께했다.

최근에는 한동대와 남서울대에서 IB 교사 자격증 과정인 IBEC International Baccalaureate Educator Certificate 을 수료했다. 현재 서울특별시교육청 초등 IB 지원단에서 활동 중이며, IB 초등 프로그램 관련 도움 자료집 제작에 참여했다.

'나눌수록 커진다' 라는 말을 좋아해서, 배움을 나눌 수 있는 전국 시도교육청 연수 기획 및 강의, 컨설팅, 국제학교 워크숍에 적극적으로 참여하고 있다. 앞으로도 아이들에게 진짜 필요한 학습을 위해 동료 선생님들과 함께 공부하며 성장하고 싶다.

김지현

교육의 본질과 실제를 고민하며, 다양한 교육의 장을 연구하는 코치이자 러닝 퍼실리테이터이다. 공저로 『기독교대안학교 가이드』, 『스윗스팟』진로교육 , 『이음』통일교육 , 『기독학부모교실』 등이 있다.

대안교육 연구자로 교육의 또 다른 길을 모색해 왔다. 기독교학교 교육연구소에서 10년간 연구원으로 근무하고 대안학교 팀장을 역임

했다. 대안교육를 거시적, 미시적으로 연구하며 진정한 가르침과 배움에 대해 고민해 왔다. 전국 기독교대안학교 실태조사 연구, 학교 컨설팅, 학교 교육과정 연구, 수업 연구 등을 수행했다. 교재 개발 연구로 새로운 교육과정을 제안하기도 했다. 현재는 연구소에서 교사 교육 연구를 돕고 있다. 20여 년간의 대안교육 연구와 경험을 통해 러닝 퍼실리테이션의 필요성에 대한 확신을 갖게 되었다.

코치와 러닝 퍼실리테이터로 학생, 교사, 부모를 만나고 있다. 교육은 결국 '존재'에 대한 질문에서 시작된다 여기며 코치로서 '나의 길 찾기'를 돕는다. '학습자를 어떻게 만날 것인가?' 고심하면서 러닝 퍼실리테이터로 학생, 교사, 부모들을 만나고 있다. 현재 ICCF International-al Christian Coach Federation 소속 코치이자, 국립광주과학관 외부 강사로 활동 중이다.

추천사

좋은 교육은 학생들에게 제대로 배움이 일어나 그들이 변화되고 성장하는 것이다. 이런 점에서 교사의 가르침보다 더 중요한 것은 학생에게서 일어나는 배움이다. 좋은 가르침이란 이런 학생의 배움을 가능하도록 촉진하는 가르침이다. 『가르치지 말고 배우게 하라: 학교편』은 이미 기업에서 그 효과가 입증된 '러닝 퍼실리테이션'을 학교 교육에 접목하여, 학습자의 배움을 효과적으로 성장시키는 책이다. 전통적인 교수법이 아닌 기업의 생생한 현장에서 검증된 학습모델을 '햄버거 모델'이라는 생생한 이미지를 통해 설명하기에 쉽고, 단순하면서도, 창의적이고 효과적이다. 이 책을 읽기 시작하면 독자 자신부터 배움의 즐거움에 빠지게 된다. 이미 '러닝 퍼실리테이션'으로 유명 인사가 된 정강욱 대표를 비롯한 학습 전문가들이 온몸으로 함께 쓴 이 책은 누군가에게 아름다운 배움이 일어나기를 원하는 이 땅의 모든 교사, 부모라면 꼭 읽어야 할 필독서이다.

박상진 소장
기독교학교교육연구소, 장로회신학대학교 명예교수, 한동대학교 석좌교수

대한민국의 모든 교사는 수업을 잘하고 싶어 고민하고 또 고민한

다. 교육과정이 개정될 때마다 핵심적인 변화에 민감히 반응하고 연수 등을 통하여 습득한 것을 수업에 활용하려고 노력한다. 그러나 익숙해질 만하면 다시 개정되는 반복 때문에 혼란스러울 때도 있다. 교재가 바뀐다고, 핵심 키워드가 바뀐다고 교육의 질이 바뀌는 것은 아닐 것이다. 끊임없는 고민과 연구 속에 교사의 핵심역량이 커질 때 우린 그것을 기대할 수 있을 것이다.

『가르치지 말고 배우게 하라: 학교편』 책을 펼쳐 읽으며 나는 1급 정교사 자격연수를 받을 때가 떠올랐다. 교사가 되어 몇 년이 흘렀을까 수업에 대한 자신감이 오히려 처음보다 더 줄어들고 이렇게 수업하는 것이 맞는지에 대한 확신조차 없어 고민스러울 때 1정 연수를 받게 되었다. 그때의 강의 내용과 교재 속의 글들이 내게 나아갈 자신감을 주었던 기억이 아직도 생생하다. 그 후 정말 좋은 연수를 만날 때마다 새로운 변화를 몸으로 받아들이며 아이들에게 적용하려 노력하곤 했다. 이 책을 읽은 후, 정말 옛날의 그 뜨거운 열정이 다시 차오르는 듯했다.

이 책은 교사의 발문 하나도 학습자의 확산적 사고를 돕고, 학습자에 대한 공감력을 키워야 하며, 학습의 전체적 단계를 내다보는 조망력을 갖춰야 함을 말해주고 있다. 특히 실제 생생한 수업사례 예시와 무수히 많은 노하우가 담겨 있어서, '내가 수업에 대해 고민하고 있었을 때 이 책을 만났다면 얼마나 좋았을까'라는 부러운 마음이 들었다.

지금의 교육 현장에 꼭 필요한 책을 집필해 주신 네 분의 저자에게 진심으로 감사의 마음을 전하며, 아이들의 끊임없는 변화와 성장을 희망하는 모든 분께 이 책을 추천하고 싶다.

김미경
(전) 서울 중원초등학교 교장

제가 섬기고 있는 학교는 3년 전부터 Preire Centre for Christian Education ^{PCCE} 캐나다 알버타주 기독교학교 협회에서 운영하는 TfT ^{Teaching for Transformation- 변혁을 위한 가르침} 교육과정을 소개받아 운영하고 있습니다. TfT 교육과정에서 Field learning Experience ^{FLex 경험학습} 은 단원에서 배운 주제를 바탕으로 실제적으로 배운 내용을 실천할 실제적 이웃 ^{Real people, animal, environment} 을 선정하고, 그 이웃의 실제적 필요 ^{Real}

11

need 와 그 필요를 채울 수 있는 다양한 활동을 조사하고 준비하여 필요를 채울 실제적 일 Real work 을 이웃에게 실행함으로 실제 현장에서의 경험학습 Flex 을 할 수 있게 하는 것인데, 이는 이 책에서 보여주는, 교과 내용을 통해 서로 협업함으로 실제적인 답을 스스로 낼 수 있게 하는 방식과 매우 유사하다는 것을 알게 되었습니다.

이 책은 지식 위주의 교육과정에서 탈피하여 역량 중심 교육과정으로 가는 길을 잘 제시해 주고 있어 학교 현장의 교사들에게 많은 도움을 줄 수 있을 것이라 기대합니다. 무엇보다도 실제 단원을 구성하여 구체적인 수업 사례를 제시한 점은 교사들에게 실제적인 도움을 줄 수 있을 것입니다.

우리 학교는 이 책으로 수업 현장에서 함께 적용하는 연구 모임을 만들어 보려고 합니다. 그동안 수업에 관해 고민한 많은 문제를 해결해 줄 수 있기 때문입니다. 좋은 책을 집필해 주신 네 분의 선생님께 진심으로 감사드립니다.

손천수
세품기독학교 교장

배움을 삶으로 이끄는 진정한 학습을 위하여

이 책을 쓰면서 공동 저자 세 분의 선생님들과 참 많은 이야기들을 나눴습니다. 문자 그대로 정말 시간 가는 줄 모르고 말이죠. 『러닝 퍼실리테이션』이란 책을 먼저 저술한 덕에 제가 호스트(?) 역할을 했지만, 오히려 교육에 진심인 선생님들께 더 많은 것을 배웠답니다.

특히 '수업의 목적이 무엇인가'라는 질문 앞에서 우리는 '역량개발'과 '학습전이'라는 두 키워드에 깊이 공감했습니다. 아마도 이런 공통된 믿음이 있었기에 각자 바쁜 일상에서도 끝까지 이 책을 함께 완성할 수 있었던 것 같습니다.

이 책은 이 두 가지 키워드를 교육 현장에서 손에 잡히게 구현할 수 있도록 돕는 책입니다. 아니 그러하길 바라며 쓴 책입니다. 그래서 이론적 기반을 갖추되 너무 학구적이지 않게, 상세하게 설명하지만 복잡하고 어렵지 않게 쓰려고 노력했습니다. 이 책을 읽는 독자분들의 수업설계와 수업진행 역량이 한층 성장하고 그것이 실제 교실에서 구현된다면 이 책을 쓴 보람이 매우 클 것 같습니다. 배운 내용이 삶으로 이어지는 진정한 학습이 대한민국의 교실마다 가득하길 기대해 봅니다.

그때야말로 저희와 독자 여러분 모두가 성공한 것이겠지요.

이 책은 5개의 장으로 구성되어 있습니다.

'1장 지식에서 출발하여 역량으로 나아가는 수업을 위한 3가지 성찰'에서는 역량 중심 교육이 강조되는 현장의 목소리를 담아 러닝 퍼실리테이션의 개념과 필요성을 살펴봅니다.

'2장 학습 설계를 위한 교사의 4가지 핵심 능력: 공감력, 조망력, 질문력, 성찰력'에서는 각 역량을 상세히 설명하고 수업에서 활용할 수 있도록 구체적인 질문을 제시합니다.

'3장 러닝 퍼실리테이션 학습 설계를 위한 햄버거 모델'에서는 수업 설계의 기본 틀인 햄버거 모델을 소개하고, 이를 역량 개발 교육에 접목하는 방법을 알아봅니다.

'4장 러닝 퍼실리테이션 FAQs'에서는 러닝 퍼실리테이션을 처음 시도하는 교사들의 질문을 모아 답해 보았습니다.

'**5장 수업에서 바로 활용할 수 있는 햄버거 토핑과 세트**'에서는 수업에서 바로 적용할 수 있는 다양한 러닝 퍼실리테이션 도구들을 소개합니다.

책 곳곳에 실린 사례들은 이 책을 쓰는 동안 실제 교실에서 실천해 본 경험담입니다. 완벽하지 않아도 그 과정과 결과, 그리고 성찰을 있는 그대로 담고자 했습니다. 이 생생한 경험이 이 책을 읽는 독자님들께 팁이 되고 힘이 되길 진심으로 바랍니다.

**함께한 저자들의 마음을 담아,
정강욱**

Contents

Contents

진정한 교육은 단순히
정보를 전달하는 것이 아니다.
그것은 아이들이 세상을 이해하도록
돕는 것이다.

헨리 아담스

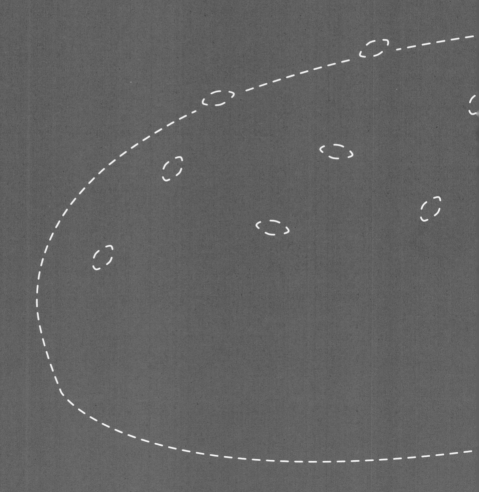

지식에서 출발하여
역량으로 나아가는
수업을 위한 3가지 성찰

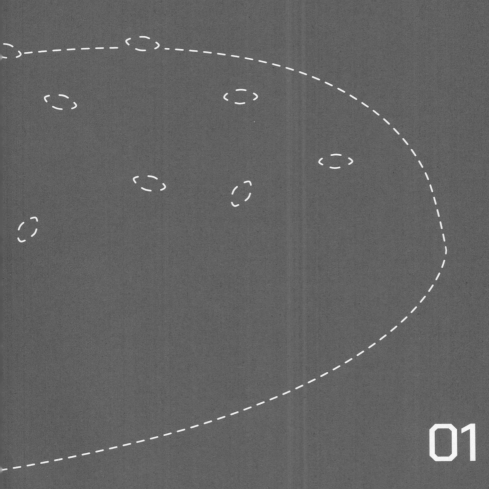

01

01 수업의 목적은 무엇인가?
교실을 넘어 삶에서 움트는 배움

　　교육은 단순한 지식 전달을 넘어, 학습자가 자신의 삶 속에서 배움을 활용하고 꽃피울 수 있도록 하는 과정입니다. 이러한 제 교육관의 뿌리에는 존 듀이의 사상이 깊이 자리하고 있습니다. 어쩌면 존 듀이의 경험주의 철학이 앞으로 다룰 내용의 근본적인 토대를 제공한다고 봐도 무방할 것입니다.

　　존 듀이는 학습을 개인의 경험과 연결 지어 이해했습니다. 진정한 학습은 학습자가 경험을 통해 의미와 가치를 창조할 때 발생한다는 것이죠. 교육이 단순히 과거의 지식을 전달하는 것이 아니라, 학습자가 현재와 미래의 상황에서 그 지식을 어떻게 활용할 수 있을지를 탐구하는 여정이라는 것입니다.

듀이의 경험주의 철학에서 학습은 학생들이 자신의 경험을 토대로 의미를 만들고, 새로운 상황에 적용하며, 문제를 해결하는 과정에서 가장 깊이 있게 이루어집니다. 학습이 교실 안에서만 머물지 않는 것이죠. 교실 밖 세상에서 마주치는 다양한 상황과 문제들에 배운 내용을 적용하고 실험해 볼 기회를 가지는 살아있는 학습을 말합니다.

수업의 목적은 학교에서 배운 지식과 기술이 실제 삶 속에서 살아 움직이는 역량이 되도록 하는 것입니다. 교실 벽을 넘어 삶에서 움트는 배움이죠. 이것을 교육학 용어로 학습 전이 Transfer of Learning 라고 할 수 있겠습니다.

학습 전이 Transfer of Learning
습득한 지식과 기술을 새로운 학습이나 문제 해결 상황에서 사용하는 것
International Encyclopedia of the Social & Behavioral Sciences, 2001

학습 전이는 교실에서 배운 이론을 실제 생활의 문제 해결에 적용하면서 시작됩니다. 이는 듀이가 강조한 '반성적 사고 reflective thinking '와 맥을 같이 합니다. 반성적 사고는 학생들이 자신의 경험을 통해 문제를 인식하고, 이에 대한 해결책을 찾으며, 그 과정에서 새로운 지식과 이해를 쌓아가는 것입니다. 교육자는 학생들이 이러한 반성적 사고를 통해 자신의 학습을 심화시킬 수 있도록 지원해야 하는 것이지요.

이런 맥락에서 러닝 퍼실리테이션은 듀이의 경험주의 철학을 실천하는 효과적인 방법입니다. 저는 러닝 퍼실리테이션을 다음과 같이 정의합니다.

학습자들이 동료와의 상호작용을 통해
문제를 해결하며 배움을 만들어 가도록 돕는 교수법

학생들이 주도적으로 학습에 참여하고, 자신의 생각과 아이디어를 탐색하며, 동료들과의 상호작용을 포함한 다양한 경험을 통해 배우는 환경이 조성될 때 학습은 내면으로부터 시작되는 깊이 있는 과정이 됩니다. 이러한 환경에서 학생들은 배움의 진정한 가치를 발견하게 됩니다. 수업 중 학생들의 반짝이는 눈빛과 생생한 표정이 바로 진정한 학습이 일어나고 있음을 보여주는 증거입니다.

수업의 진정한 목적은 과거의 지식을 전달하는 데 그치지 않습니다. 학습자가 자신의 경험을 통해 새로운 의미와 가치를 만들고, 그 지식을 삶의 여러 맥락에서 활용할 수 있는 역량을 기르는 것이야말로 수업이 지향해야 할 방향일 것입니다. 스스로 배우고 익히는 '학습'이 일어나고, 그것이 삶의 다양한 영역으로 퍼져나가는 '학습 전이'야말로 수업의 궁극적인 목적이 아닐까요?

02 무엇을 배우게 할 것인가?

지식과 역량, 두 날개로 나는 수업

누군가를 가르치는 자리에 있으면 자연스럽게 '교육이란 무엇인가?'라는 질문을 마주하게 됩니다. 저는 교육이란 학습자들이 자신의 길을 찾고 ^{진로} 의미 있는 삶 ^{소명} 을 살아갈 수 있도록 돕는 과정이라고 생각합니다. 그래서 교육은 본질적으로 매우 가치 있는 일이라 믿습니다.

'교육이란 무엇인가?'라는 질문을 학교 수업이라는 맥락 안에서 좀 더 구체적으로 바라보면, 교육은 학생들이 삶에 꼭 필요한 것을 배우도록 돕는 과정이라 할 수 있습니다. 교육의 본질은 '무엇을 가르치는가?'가 아니라 '학생들이 무엇을 배우고 어떻게 적용하는가?'에 있다는 것이지요. 이 책의 제목이 '가르치지 말고 배우게 하라'인 이유가 거기에 있습니다. 단순한 지식 전달을 넘어 학생들의 근본적인 역량을 키우는 데 초점을 맞추는 것이죠.

이는 시대의 흐름과도 결을 같이 하는 것 같습니다. 최근 대학가에서 교수 해먹기(?) 힘들다는 푸념이 돈다는 이야기를 들었습니다. 수업 중에 교수님이 무엇인가를 설명하면 학생들이 바로 구글이나 챗GPT에 물어보면서 이 말이 사실인지 아닌지 확인한다고 합니다. 과제 또한 생성형AI가 척척 해주니 과제에 점수를 매기기도 쉬운 일이 아니고요. 지식 그 자체의 가치가 빠르게 변화하고 있는 것입니다. 아무리 박학다식한 사람이라도 AI보다 더 많이 알 수는 없을 테니까요. 그래서 인간만이 가질 수 있는 고유한 역량이 더욱 중요해질 것입니다. 사실 기업들의 변화를 생각하면 이것은 이미 온 미래지요.

기업들은 빠르게 변화하는 시장과 기술 환경에서 살아남기 위해 특정 역량을 갖춘 인재를 절실히 찾고 있습니다. 채용담당자들이 '사람은 많은데 뽑을 사람은 없다'고 말하는 이유도 기업이 강조하는 핵심 역량이 단순한 지식을 넘어서기 때문입니다. 기업이 강조하는 핵심 역량은 창의력, 문제 해결 능력, 비판적 사고능력, 협업능력, 자기 주도적 학습 능력 등 인간 고유역량과 직결됩니다. 이러한 역량은 단순히 직무 지식을 넘어서 변화에 유연하게 대응하고 새로운 기회를 창출할 수 있는 능력을 의미하고요.

대한민국의 2022 개정 교육과정 또한 이러한 변화의 흐름을 반영하여, 학생들이 21세기 사회에서 요구하는 핵심 역량을 함양하는 것에 중점을 두고 있습니다. 개정 교육과정이 초점을 두는 6가지 역량은 자기 관리 역량, 지식 정보 처리 역량, 창의적 사고 역량, 심미적 감성 역량, 협력적 소통 역량, 그리고 공동체 역량입니다.

이러한 역량 중심의 교육은 단순한 지식 전달을 넘어, 삶의 다양한 상황에서 필요한 기술과 태도를 키우는 기회를 제공합니다. 여기서 말하는 여섯 가지 핵심역량을 자세히 살펴보면, 먼저 자기 관리 역량은 학생이 스스로 학습을 계획하고, 조절하며, 평가할 수 있는 능력입니다. 이는 평생 학습자로 성장하는 토대가 됩니다. 지식 정보 처리 역량은 넘쳐나는 정보 속에서 필요한 것을 찾아내고 분석하여 새로운 지식을 만들어 내는 능력으로, 비판적 사고와 문제 해결의 핵심입니다.

창의적 사고 역량은 기존의 틀을 벗어나 새롭고 독창적인 아이디어를 만들어 내는 능력으로, 미래 사회의 변화를 이끌어갈 중요한 자질입니다. 심미적 감성 역량은 예술과 인문학을 통해 감성을 키우고 다양한 관점에서 세상을 바라보는 능력을, 협력적 소통 역량은 효과적으로 의사를 전달하고 타인과 협력하는 능력을 말합니다. 마지막으로 공동체 역량은 다문화 글로벌 사회에서 타인과의 관계를 이해하고 적극적으로 참여하는 능력을 의미합니다.

이러한 역량들은 미래 사회의 복잡한 문제를 해결하고 지속 가능한 발전을 이루는 데 필요한 기반이 될 것입니다. 동시에 학생들이 스스로 배우고 익히는 평생 학습자로 성장하는 발판이 될 것이고요.

하지만 이런 역량개발이 현재 우리 학교 현장에서 가능할까, 너무 이상적인 바람이 아닐까, 하는 고민이 늘 있었습니다. 다행히 이 책을 준비하면서 열정 있는 선생님들과 의견을 나누고 정보를 공유하며 그 답을 조금씩 찾아갈 수 있었습니다.

특히 국제 바칼로레아 IB 교육 프로그램의 '스플릿 스크린 Split Screen' 개념을 만나며 큰 통찰을 얻었습니다. 이는 수업에서 특정 주제나 내용을 배우는 동시에, 그것을 배우는 방법 자체도 학습한다는 개념입니다. 예를 들어 교사는 교과 내용을 가르치면서 동시에 탐구 방법, 시간 관리, 협업 방식 등 더 넓은 기술도 함께 다룰 수 있습니다. 한쪽에서는 지식을 전달하고, 다른 한쪽에서는 역량을 개발하는 이중 초점 ^{dual} ^{focus} 접근법인 것이죠.

이를 통해 학생들은 지식 습득을 넘어, 그 지식을 효과적으로 활용하고 새로운 상황에 적용하는 법을 배웁니다. 사실 이는 이미 많은 수업에서 자연스럽게 일어나는 일입니다. 다만 이러한 이중 초점을 좀 더 의식적으로 수업에 반영한다면, 학생들에게 더욱 풍성한 학습 경험을 제공할 수 있을 것입니다. 결국 우리 교사의 역할은 학생들이 배운 지식을 삶의 다양한 상황에 적용할 수 있는 역량을 키워, 미래 사회의 당당한 구성원으로 성장할 수 있도록 돕는 것이니까요.

다음 장에서는 이러한 이중 초점을 통한 역량 개발의 구체적인 방법으로서 '러닝 퍼실리테이션'에 대해 함께 알아보시죠.

03

어떻게 배우게 할 것인가?

러닝 퍼실리테이션 바로알기

*이 장은 『러닝 퍼실리테이션: 가르치지 말고 배우게 하라』에서
 핵심내용을 발췌하고 수정 보완하여 작성하였습니다.

학습 Learning 에 촉진 Facilitation 을 더하다

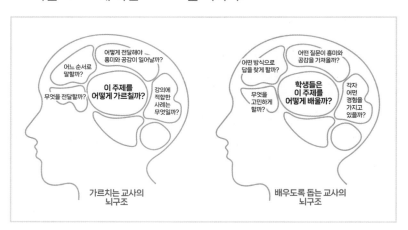

위 그림은 '가르치는 교사'와 '배우도록 돕는 교사'의 사고방식 차
이를 보여줍니다. 두 유형의 교사가 수업을 준비할 때 품는 질문이 어
떻게 다른지 비교한 것이지요.

이 장에서는 "학생들은 이 주제를 어떻게 배울까?"에 집중하는 러닝 퍼실리테이션에 대해 자세히 살펴보겠습니다.

러닝 퍼실리테이션을 직역하면 '학습촉진' 입니다. 그럼 어떻게 학습을 촉진한다는 것일까요? 제가 생각하는 '러닝 퍼실리테이션'은 교수법과 퍼실리테이션의 교집합에서 학습을 촉진합니다.

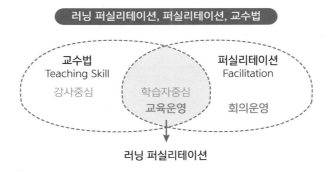

가르치기 위한 기법이라는 면에서 러닝 퍼실리테이션은 교수법입니다. 가르치는 다양한 방법 중 하나이지요. 교수법은 크게 강사가 주도하는 강사 중심의 교수법과 학습자의 참여를 중시하는 학습자 중심의 교수법으로 나눠볼 수 있습니다. 러닝 퍼실리테이션은 학습자 중심의 교수법에 가깝습니다. 학습자의 주도적인 참여를 통해 학습이 촉진된다는 것이죠. 또한 퍼실리테이션의 절차와 기법, 도구를 학습촉진의 목적으로 차용한다는 점에서 퍼실리테이션의 한 종류로 볼 수 있습니다.

한 문장으로 정리해 보겠습니다. 제가 정의하는 러닝 퍼실리테이션은 '학습자가 동료와의 상호작용을 통해 문제를 해결하며 배움을 만들어 가도록 돕는 교수법'입니다. 학습의 주체로서 학습자 중심, 학습의 방법으로서 동료상호작용 중심, 학습의 목적으로서 문제해결 중심이 러닝 퍼실리테이션의 세 가지 축이 됩니다. 이 책의 제목처럼 강사가 혼자 가르치지 않고 학습자가 함께 배우게 하는 교수법입니다.

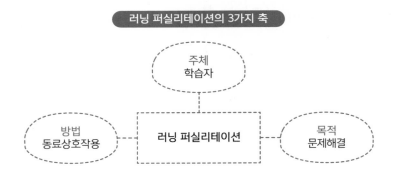

그런데 이것이 참 쉽지 않습니다. 역량과 기술이 부족해서가 아니라 역할 인식의 변화가 어렵기 때문입니다. '교사는 가르치는 사람'이라는 관성을 벗어나기가 어렵습니다. 교사의 교敎 자가 '가르치다'라는 뜻이니 단어 자체가 가르침에 방점을 찍고 있기도 하고요.

사실 누구나 자신이 경험하지 못한 역할을 수행해야 하는 것은 참 두렵고 떨리는 일입니다. 그럼에도 가르치는 사람에서 배우게 하는 사람으로의 자기 역할 인식 변화가 필요한 시대이고 시점인 것은 분명합니다. 가르치는 사람 Instructor 에서 학습촉진자 Learning Facilitator 로의 변화 말입니다.

그럼 지금부터 '학습자, 동료 상호작용, 문제해결' 이란 세 가지 키워드를 통해 러닝 퍼실리테이션을 조금 더 깊게 이해해 봅시다.

> 러닝 퍼실리테이션 (Learning + Facilitation)
> 학습자들이 동료와의 상호작용을 통해 문제를 해결하며 배움을 만들어 가도록 돕는 교수법

수업의 주인공은 누구인가? 교사 vs. 학생

수업에 참여한 사람을 부르는 3가지 이름: 청중, 교육생, 학습자

수업에 참여한 사람을 바라보는 3가지의 관점이 있습니다. 관점은 행동을 결정하지요. 따라서 3가지 관점에 따른 3가지 수업방식이 존재하는 것 같습니다.

첫째, 학생을 청중 ^聽衆 으로 보는 관점입니다. 듣는 무리라는 뜻이죠. 이 표현은 '내가 말할 테니 당신들은 듣기만 하세요'라는 뜻을 내포합니다. 학생들은 자기 의견을 말할 수 없습니다. 질문할 기회도 없죠. 학생들의 의견과 질문은 상대적으로 중요하지 않다고 간주하지만, 나쁜 의도가 있는 건 아닙니다. 가르쳐야 할 중요한 내용은 너무 많고 가르칠 시간은 늘 부족하기 때문이죠.

둘째, 학생을 교육생 ^敎育生 으로 보는 관점입니다. 이때 학생은 가르치고 길러져야 하는 대상입니다. 누군가가 이끌어 주어야 하는 수동적 대상으로 보는 것이죠. 교사가 주도하고 학생은 이끌려 가는 방식입니다. 아쉽지만 우리가 자주 보는 광경입니다.

셋째, 학생을 학습자 ^學習者 로 바라보는 관점입니다. 배우고 익히려는 사람으로 보는 것이죠. 자기에게 필요한 것을 스스로 찾아서 학습할 수 있는 사람이요. 자발적이고 주도적인 사람 말입니다.

교실 안, 여러분 앞에 앉은 그 사람들은 누구인가요? 여러분은 그 사람을 무엇이라 부르십니까? 청중으로 온 사람을 화자로 만들고, 교육생으로 온 사람 속의 학습자를 끌어내는 일. 바로 이 일이 러닝 퍼실리테이터가 해야 할 가장 첫 번째 미션이라고 생각합니다. 그래서 러닝 퍼실리테이터의 중요한 덕목은 '학습자'를 향한 믿음입니다. 학생

모두가 학습자가 될 수 있다는 믿음이 필요합니다.

사석에서 학습자들을 '돌대가리'라고 표현하는 강사를 만난 적이 있습니다. '그분은 앞으로도 정말 돌대가리만 만나겠구나'라는 생각이 들었습니다. 교사의 관점이 교사의 태도를 결정하고, 교사의 태도는 학습자에게 직접적인 영향을 미치기 때문이죠. 그래서 참가자를 믿고 존중하는 것이 러닝 퍼실리테이션의 출발입니다. 교사가 학생을 학습자로 대할 때에만 학습자가 강의의 주인공이 될 수 있습니다.

학습자가 주인공이 되는 강의는 처음에 어색할 수 있습니다. 강사가 쥔 운전석의 핸들을 학습자에게 넘겨주는 것이 두려울 수도 있지요. 위험한 모험처럼 느껴질 수도 있고요. 하지만 이때부터 모호함을 다루는 힘이 생겨나기 시작합니다. 함께 만들어 가는 학습이 시작되는 것입니다.

수업의 방식은 무엇인가? 수박껍질교육과 솜사탕교육* vs. 동료 상호작용

교사가 빠지기 쉬운 두 가지 함정이 있습니다. 수박껍질교육과 솜

---

* 그랜트 위긴스·제이 맥타이, 『백워드 단원 설계와 개발』, 교육과학사, 2013.에서 사용한 용어를 차용하여 기술했습니다.

사탕교육이라는 함정입니다.

첫 번째 함정인 수박껍질교육은 우선순위도 목적도 불분명한 피상적 설명식 coverage-focused 강의를 말합니다. 마치 진도를 나가는 것이 교육 목적인 마냥 강사는 열심히 진도를 나가고 학습자들은 수동적으로 참가하는 수업이죠. 학창 시절 다들 경험해 보았을 수업 방식입니다. 실제적인 내용보다는 피상적인 학습에 머무르는 것이 마치 수박 겉을 핥는 것 같아 저는 이런 교육을 수박껍질교육이라고 부릅니다.

강의 현장에서 수동적인 청중으로 참여한 (심지어 몇몇은 끌려온) 참가자들에게서 자발적 참여를 끌어내기는 결코 만만한 일이 아닙니다. 강의를 한 번이라도 해본 분이라면 이 지점에서 매우 크게 공감할 것 같습니다. 참가자의 자발성을 끌어내는 일은 학습자에 대한 믿음과 더불어 훈련된 노하우가 있어야 가능한 일입니다. 그러다 보니 강사들이 참여를 몇 번 유도해 보다 생각처럼 잘 안되면 가장 익숙한 강의 방법, 즉 일방적인 설명식 강의로 되돌아가는 때도 있죠.

또는 내가 가르쳐야만 한다는 '사명감'에 가르치고 강조하면 학습자들이 잘 알게 될 것이라는 '자기중심적인 착각'이 더해진 선생님들도 더러 있습니다. 정확히 말하자면 가르친 것은 학습된 것으로 추정하는 분들이죠. 이런 분들은 '내가' 가르쳐야 할 소중한 시간을 토론이나 실습에 낭비하지 않겠다는 용단을 내리기도 합니다. 그러나 내가 가르친다고 학습자들이 배우는 것이 아님을 기억할 필요가 있습니다.

아래의 그림은 학습 피라미드라고 불리는 모형입니다. 이 모형은 학습 후 24시간이 지났을 때 배운 것을 기억하는 평균수치 학습 내용 평균 잔 존률 Average Learning Retention Rates 를 보여줍니다. 가장 낮은 효과를 나타내는 교육방식은 강의 듣기 Lecture 입니다. 학습한 양의 5%만 남아있지요. 물론 강사의 숙련도나 학습자의 학습 태도에 따라 다른 결과가 있을 수도 있겠지만, 일반적으로 강사 설명 중심의 교수 방법이 학습자 참여 중심의 교수 방법보다 효과가 낮다고 볼 수 있습니다.

학습 피라미드 (Learning Pyramid)

강사 설명 중심 (Passive Teaching Methods)	강의 듣기 (Lecture)	5%
	읽기 (Reading)	10%
	시청각 수업 (Audio-Visual)	20%
	시연 보기 (Demonstration)	30%
학습자 참여 중심 (Cooperative Learning Methods)	집단 토의 (Discussion Group)	50%
	연습 해보기 (Practice by Doing)	75%
	서로 설명하기 (Teach Others) 즉시 사용하기 (Immediate Use)	90%

<출처: 미국의 행동과학연구기관 NTL(National Training Laboratories)>

교사가 빠지기 쉬운 두 번째 함정은 과도한 활동식 activity-focused 강의입니다. 개인적으로 솜사탕 강의라고 부르는 방식입니다. 이런 강의는 수업 시간이 재미난 활동으로 꽉꽉 채워집니다. 다양한 도구도 동원되지요. 학습자는 시간 가는 줄 모르게 참여하고요. 그런데 마치고 나면 남는 것이 거의 없습니다. 학습이 아니라 활동 자체가 목적이 되어버렸기 때문입니다. 달콤한 맛만 있지 영양은 없는 솜사탕 같은 강의입니다.

솜사탕 강의는 어떤 면에서 매력적일 수 있습니다. 진짜 깊은 배움이 일어나도록 준비하지 않아도 상대적으로 손쉽게 높은 만족스러운 강의평가를 받을 수 있기 때문입니다. 학습의 본질적 즐거움은 없고 활동의 표면적 즐거움만 남은 안타까운 모습이지요.

물론 학교 수업 속에서는 한 차시 동안 설명식 강의만 하거나 활동식 강의로 채워 운영될 수 있습니다. 그 자체에 대한 문제 제기가 아닙니다. 학습의 주제, 학생들의 수준, 학습의 양, 수업 시간 등을 고려할 때 설명식 강의가 효과적일 수 있습니다. 또한 활동식 강의로 학생 흥미를 불러일으키는 것은 중요한 배움의 시작이 될 수 있습니다. 피상적 설명식 강의, 과도한 활동식 강의가 문제이지 교사에게 설명식 강의를 잘하는 것, 활동식 강의를 잘 이끄는 것은 중요한 기본 역량입니다. 그럼 이를 모두 포함해 다른 관점의 수업 방식은 없을까요?

우선 교사의 역할을 새롭게 제안해 봅니다. 아는 것을 잘 설명하는 교사를 넘어 학습자의 탐구를 지지하고 안내하는 학습촉진자, 즉 러닝 퍼실리테이터가 되어보자는 것이죠.

가장 효과적으로 학습을 촉진하는 방법을 고민하고 찾아봅시다. 토의와 토론, 실습과 피드백, 서로 가르치기라는 동료 상호작용을 통해 배운 것을 오래 기억할 수 있게 만들어 봅시다. 우선 기억이 나야 실천할 것 아니겠습니까?

러닝 퍼실리테이션에서 동료 상호 학습이 중요한 이유

1. 개념을 더 잘 이해하게 됩니다.
동료 상호작용이 일어날 때 학습자는 개념을 더 깊게 이해하게 됩니다. 자신의 의견을 설명하고 방어하면서 설명하는 과정 자체가 이해를 강화하는 메타인지적 활동이 되고, 동료의 피드백을 통해 반성적 성찰이 이뤄지기 때문입니다.

2. 폭넓은 시각이 형성됩니다.
다른 친구의 의견을 들으며 다양한 관점과 접근 방식이 있음을 알게 됩니다. 학생들은 각기 다른 배경과 경험이 있습니다. 그런 친구들과 협력할 때 다양한 사고방식을 경험하게 됩니다.

3. 협력적 문제 해결 능력이 향상됩니다.
어려운 과제를 해결하기 위해서 각자의 역할을 나누어 수행해야 합니다. 서로 도움을 주고받으며 과제 해결에 필요한 다양한 아이디어를 결합해 창의적이고 효율적인 해결책을 찾게 됩니다. 이때 각자의 의견을 수용하고 조정하며 조화롭게 일하는 방식을 배우게 됩니다.

4. 상호 성장을 기대할 수 있습니다.
함께 목표를 설정하고 경쟁하는 과정이 학습의 주도성을 갖게 하고 동기를 제공합니다. 또한 학습 수준이 다른 동료 간에 도움을 주고받으며 자연스럽게 더 높은 수준의 학습이 이뤄집니다. 학습 수준이 높은 친구는 '다른 사람 가르치기'를 통해 학습하고 다른 친구는 비슷한 수준의 동료에게 배우며 눈높이 학습이 이루어집니다.

러닝 퍼실리테이션의 동료 상호작용은 협력, 의사소통, 비판적 사고, 자기주도 학습, 창의성 등을 기르고 이는 학습자의 역량개발로 이어집니다. 역량개발을 위해 러닝 퍼실리테이션을 자신있게 추천하는 이유입니다.

수업의 초점은 무엇인가? 목적이 상실된 내용 vs. 실제 세상의 문제

여기서는 수업의 제1원리 First Principles of Instruction 에 대해서 살펴보겠습니다. 동일한 제목의 도서 저자인 데이비드 메릴 M. David Merrill 교수는 문헌분석을 통해 대부분의 교수설계 이론 및 모형에 공통으로 포함된 기본교수원리를 추출했습니다. 그리고 이를 수업의 제1원리라고 표현했지요. 이러한 원리가 학습설계에 포함된 정도에 비례하여 수업의 효과성, 효율성, 학습자의 참여 정도가 촉진된다고 합니다. 이렇게 학습전이 Learning transfer 를 높일 수 있는 수업의 제1원리는 다섯 가지 원리로 구성되어 있습니다.

데이비드 메릴 교수는 가장 효과적인 학습은 문제 중심이어야 하고, 학습자는 나머지 4가지 단계에 참여해야 한다고 주장합니다. 사전 경험의 활성화, 시연, 적용, 통합의 단계이죠. 결국 이분의 핵심 주장도 학습자의 문제가 교육의 중심이자 출발점이 되어야 한다는 것입니다.

지금까지 1장에서 다룬 핵심 내용을 다음의 표로 정리해 보았습니다. 학교 교육의 본질적인 목적과 그 목적을 이루기 위한 교육 방법 러닝 퍼실리테이션 을 학습자를 중심으로 구성해 본 것입니다. 결국 배우고 익히며 적용하고 꽃피우는 주인공은 학습자니까요.

경험의 지혜를 배움으로:
학생들이 만드는 우리만의 숙제 해결법

#러닝 퍼실리테이션 #실제 세계의 문제 #숙제 #암묵지를 형식지로

월요일 아침, 지난주 숙제를 확인하려 책상 위에 노트를 올려두자 열 명 남 짓의 아이들이 머뭇거리며 다가왔습니다. "선생님, 어제 분명히 숙제했는데 깜빡하고 안 가져왔어요.", "주말에 친척 집에 가느라 못 했어요." 등 평소 숙제를 많이 내주지 않았는데도 이런 상황이 발생하자 처음에는 속이 상했습니다.

그러다 문득 아이들의 입장이 되어보니, 과연 이 아이들이 '왜 숙제를 해야 하는지, 어떻게 하면 좋을지 배워본 적이 있을까?' 하는 생각이 들었습니다. 물어보니 역시나 한 번도 숙제에 관해 이야기를 나눠본 적이 없다고 했지요. 그렇다면 숙제를 잘해오는 아이들은 어떻게 하고 있을까요? 한번도 빠짐 없이 숙제를 해오는 아림이에게 물었습니다.

"아림아, 숙제를 빠뜨리지 않고 하는 비결이 있니?"
"저는 집에 가자마자 숙제부터 해요."

장난꾸러기지만 숙제만큼은 성실한 희준이도 자신의 방법을 들려주었습니다. "저는 학교에서 최대한 하고, 남은 건 집에 가서 놀기 전에 먼저 해요."

이렇게 시작된 대화는 아이들의 다양한 경험 공유로 이어졌습니다. 음악을 들으며 기분 전환을 하고 숙제하는 아이, 잠들기 전 가방을 한 번 더 확인하는 아이 등 저마다의 방법이 있었지요. 이 경험들을 비슷한 것끼리 모으고 분류하면서, 자연스럽게 러닝 퍼실리테이션의 '암묵지를 형식지로 만들기' 기법을 적용해 보았습니다.

암묵지는 알고는 있지만 설명하기는 어려운 지식을 뜻하고, 형식지는 알고 설명할 수 있는 지식이지요. 그래서 암묵지를 형식지로 만든다는 것은 '기존 경험'을 성찰하고 정리하고 분석하여 '설명할 수 있는 지혜'로 만들어 낸다는 뜻입니다.

암묵지를 형식지로 만드는 3단계 프로세스를 적용한 수업

1단계 경험공유	2단계 경험 분석	3단계 노하우 선별
숙제를 잘 해내는 자신만의 방법 나누기	공유된 경험을 비슷한 내용끼리 분류하고 이름 붙이기	앞으로 적용할 자신만의 방법 선택하기

아이들은 서로의 경험을 나누며 눈을 반짝였습니다. 자신의 방법이 친구에게 도움이 된다는 사실에 자부심을 느끼고, 친구들의 좋은 방법을 들으며 "나도 해봐야겠다"라고 적극성을 보였죠. 이어서 공유한 경험을 주제에 따라 분류한 뒤 분석하여 각자가 내놓은 노하우를 읽고 그것을 대표하는 제목을 붙였습니다.

우리가 찾은 숙제관리 노하우

키워드	우선순위	자신에 대한 보상	외부의 도움
학생들의 경험	– 학교에서 최대한 한다. – 집에 가자마자 한다.	– 기분이 좋아지는 음악을 들으면서 한다. – 숙제를 다 하고 나면 나에게 주는 선물로 좋아하는 영상을 하나 본다.	– 숙제 알람을 맞춘다. – 엄마에게 도와달라고 한다. – 숙제 계획을 세운다.

마지막으로 우리 반은 숙제관리 노하우 중 자신에게 맞는 노하우를 선택해서 일주일 동안 실천해 보기로 했습니다. 일주일 후 그동안의 실천 결과를 돌아보며 성찰일지를 쓰고 나누는 시간을 가졌는데요. 물론 대충 흉내만 낸 친구도 있고, 당일에 와서 후다닥 해치우는 학생도 있었습니다. 그래도 시도하고 애쓴다는 점을 인정하고 격려해 주었습니다. 처음부터 잘하는 사람은 없으니까요. 이런 수업의 장점은 학습 수준과 관계없이 모두가 참여할 수 있다는 점입니다. 스스로 노력하면 모두가 원하는 만큼 해낼 수 있기에

학습에 어려움을 겪는 아이도 모두 참여했고, 완성한 아이는 성공의 경험을 맛보며 으쓱해 하는 것을 볼 수 있었습니다.

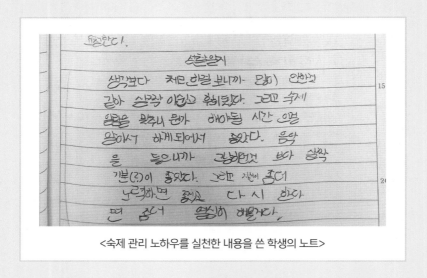

<숙제 관리 노하우를 실천한 내용을 쓴 학생의 노트>

'숙제'는 초등학생의 일상과 가장 맞닿아 있는 현실적인 문제입니다. 이번 시간을 통해 숙제에 관한 아이들의 생각을 들을 수 있었고, 경험을 공유하며 실천할 수 있었습니다. 실제 세계의 문제를 해결하도록 접근하는 러닝 퍼실리테이션의 방법 덕분이었지요. 만약 예전의 저였다면 아이들이 숙제를 해오지 않은 상황에서 숙제를 왜 안 했는지 묻고, 숙제해야 하는 이유를 혼자서 쭉 설명하며 아이들에게 "내일까지 숙제를 해와라."라고 하면서 마쳤을 것입니다. 하지만 그 방식이 학생의 숙제 방식에 본질적 변화를 가져왔는지 되짚어 본다면 과연 그랬을지 의문이 듭니다.

숙제하지 않은 친구들 덕분에 우연히 하게 된 수업이었지만, 제게는 러닝 퍼실리테이션 수업을 하게 된 첫 계기가 되었습니다. 해결해야 할 문제가 아이들의 삶과 더 맞닿을 때 수업에 더욱 적극적으로 참여하는 것을 절실히 느꼈기에 그 후 학생들의 관심사, 실제 문제에 더 관심을 기울이기 시작했습니다. 만약 다시 한다면 학기 초에 숙제의 의미를 서로 이해하고 숙제 규칙을 같이 세우고, 체크리스트를 만들고 꾸준히 실천하도록 수업을 설계해 보고 싶네요.

🍄 토핑 Tip !

암묵지와 형식지는 마이클 폴라니라는 헝가리 출신의 철학자가 만든 용어입니다. 암묵지는 지식의 한 종류이며 학습과 체험을 통해 개인에게 습득되어 있지만 형식을 갖추어 겉으로 드러나지 않은 상태의 지식입니다. 즉 머릿속에 존재해 있는 지식으로 언어나 문자를 통해 나타나지 않는 지식인 것이죠. 암묵지가 형식을 갖추어 표현된 것을 형식지라고 하며, 형식지에 비해서 암묵지는 타인이나 조직에 전달되거나 전이되기가 매우 어렵다는 특징이 있습니다.

공부는 단순한 정보 습득이 아니라,
역량을 키우는 과정이다.

칼 융

학습 설계를 위한
교사의 4가지 핵심 능력
:공감력, 조망력, 질문력, 성찰력

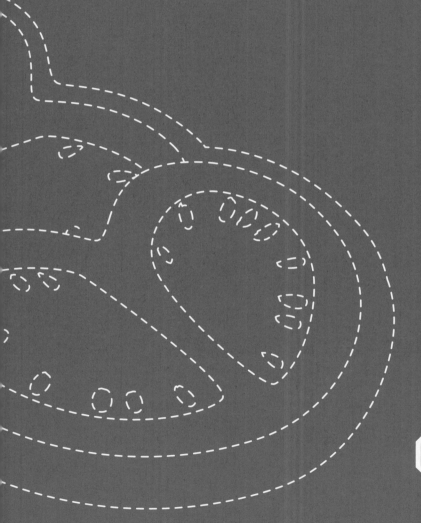

02

01 학습자를 이해하는 공감력

학습을 설계할 때 가장 중요한 요소는 무엇일까요? 당연히 학습자일 것입니다. 학습자에게 맞는 수업을 설계하기 위해서는 먼저 그들의 상황을 정확히 진단해야 합니다. 마치 옷을 만들 때 체형을 먼저 파악하듯, 학습자의 현재 상태를 제대로 파악하지 못한다면 아무리 좋은 수업도 맞지 않는 옷이 되고 말 테니까요.

진단 과정에서 중요한 것은 학습자의 수많은 특성 중에서 현재 수업에 꼭 필요한 부분이 무엇인지 선별하는 것입니다. 예를 들어 글쓰기 수업을 설계한다고 생각해 봅시다. 이때 가장 필요한 정보는 학생들의 현재 글쓰기 수준일 것입니다. 어느 정도의 수준으로 글을 쓸 수 있는지, 어디까지 발전할 수 있을지를 예측해야 하니까요.

또 다른 예로, 곱셈을 가르치는 수업을 생각해 봅시다. 수학은 계열성이 뚜렷한 교과이기 때문에 선수학습이 이루어져 있지 않다면 이후에 나오는 내용을 이해하기가 매우 어렵습니다. 그래서 곱셈을 다루기에 앞서 학생들이 선수 학습인 덧셈을 얼마나 이해하고 있는지가 중요한 정보가 됩니다. 이처럼 진단을 통해 유용한 정보를 수집하려면, 본 학습에 꼭 필요한 능력이 무엇인지 정확히 파악할 수 있어야 합니다.

그런데 학습을 잘 설계하기 위해 학생들의 능력에 관한 진단만큼이나, 아니 어쩌면 그보다 더 중요한 것이 있습니다. 그것은 바로 공감력입니다. 나의 마음에 학습자의 마음을 담아 공감하는 것입니다. 학생들이 이 과목을, 주제를, 내용을, 문제를 어떤 마음으로 대할지 고민해보는 것입니다. 학생들의 머리를 살피는 것을 넘어 마음을 고민해보는 것입니다.

공감이 없는 수업 설계는 교감이 없는 수업 현장을 만듭니다. 함께 호흡하는 수업이 아닌 교사 혼자 북치고 장구치는 수업으로 흐르기 쉽다는 것이지요. 이건 우리가 바라는, 학생들이 주인공이 되는 수업이 아니고요. 이것이 바로 수업 설계 전에 학습자를 이해하는 공감력이 필요한 이유입니다. 아무리 다양한 퍼실리테이션 기법으로 수업을 꾸며도, 학생들의 마음을 고려하지 않으면 일방적인 수업을 벗어날 수 없습니다.

학습자가 정말 원하는 것은 무엇일지, 흥미를 느끼는 것은 무엇일지 그 마음을 헤아려 보세요. 학생들에게 어떤 학습 목표가 있는지 살펴보고 물어보세요. 학습자의 관점에서 수업을 설계하고, 다시 한번 학생의 자리에 앉아 수업을 따라가 보세요. 학습자를 향한 깊은 공감은 성공적인 수업의 첫걸음이자 나침반이 될 것입니다.

공감력을 높이는 3가지 질문

Q1. 학습자는 수업과 관련하여 무엇을 알고 있는가?

Q2. 학습자는 수업을 마치고 나면 무엇을 알아야 하는가?

Q3. 학습자는 수업 주제와 관련하여 어떤 것에 흥미를 갖고 있는가?

---

02 학습의 큰 그림을 보는 조망력

다음 단계는 학습자 진단과 공감을 바탕으로 학습의 전체적인 그림을 그려내는 것입니다. 이는 4가지 단계로 구성됩니다.

첫 번째 단계는 필수 학습 내용을 선정하는 것입니다. 이는 미래 교육의 관점에서 학습을 생각할 때 특히 중요합니다. '사피엔스'의 저자 유발 하라리는 "2050년대에 우리 자녀 세대가 40대가 되었을 때, 그들이 학교에서 배운 내용 중 80~90%는 쓸모없을 확률이 높다"라고 예측했습니다. 이는 우리에게 중요한 질문을 던집니다. 고도화된 정보화 사회에서 단순 검색으로 얻을 수 있는 정보를 굳이 필수 학습 내용으로 다뤄야 할까요?

그렇다면 무엇을 학습하게 해야 할까요? 필수 학습 내용은 교과의 경계를 넘어 적용할 수 있고, 시대가 바뀌어도 변치 않는 보편성과 일관성을 지녀야 합니다. 이런 관점에서 '개념 concept 기반 교육'이 주목받고 있습니다. 개념이란 공통된 속성을 지닌 사례들에서 도출된 지적 구성체 mental construct 로, 보편적이고 추상적이며 시대를 초월하여 다양한 상황에 전이가 가능합니다.*

예를 들어 역사 수업에서 '민주주의' 개념을 탐구한다고 생각해 봅시다. 다양한 역사적 사례를 통해 민주주의의 속성을 발견하고 일반화하는 과정은, 단순히 정의나 역사를 암기하는 것과는 전혀 다른 학습 경험을 제공합니다. 학습자의 주도적인 탐구와 학습이 일어나게 되는 것이죠.

또 다른 예로, 과학 수업에서 '땅의 변화'를 다룰 때 '변화'라는 개념에 초점을 맞추면 다양한 변화 현상 자체를 탐구하게 되지만, '인과'라는 개념으로 접근하면 변화의 원인과 결과 관계를 찾는 데 집중하게 됩니다. 탐구의 초점이 달라지면 학습의 방향과 결과가 달라지기 때문에 학습 내용에서 어떤 개념을 다룰 것인지 설계하는 것은 학습의 전체적인 흐름을 결정하는 주요한 요인이라 할 수 있습니다.

* H. Lynn Erickson , Lois A. Lanning , Rachel French, 생각하는 교실을 위한 개념 기반 교육과정 및 수업, 2014

내용 선정에서는 지식뿐 아니라 역량도 고려해야 합니다. 학습자가 학습을 통해 어떤 역량을 길러야 할지도 필수 학습 내용 선정에서 고려해야겠지요. 이렇게 선정된 내용은 자연스럽게 평가와 연결되어, 수업과 평가가 하나의 흐름을 이루게 됩니다.

다음으로는 이 내용을 어떻게 배울지, 즉 학습 방법을 설계합니다. 단순히 활동을 나열하는 것이 아니라 학생들이 어떤 학습 경험을 통해 성장하게 될 것인지에 관한 종합적인 청사진을 의미합니다. 학습자의 여건을 고려하여 학습의 효과를 최대화하는 방법을 고려하는 것이죠.

학습의 내용과 방법을 결정하였다면 이제는 학습을 통해 기대하는 변화를 구체적으로 기술해야 합니다. 이는 지식, 기능, 태도의 측면에서 세분화하여 설계하며, 이러한 변화를 확인하는 과정이 곧 평가가 됩니다. 평가는 단순한 성적 산출이 아닌, 학습 전반에 걸쳐 성장을 돕는 도구입니다. 적절한 피드백을 통해 학생들은 자신의 학습 방향을 점검하고 조절할 수 있게 됩니다. 이는 미래 사회에서 꼭 필요한 자기 주도 학습 능력의 기초가 됩니다.

마지막으로, 전체 학습 과정에 대한 성찰이 필요합니다. 학습자는 자신의 배움을 돌아보며 다음 학습을 계획하고, 교사는 수업 설계를 점검하며 더 나은 맞춤형 학습을 준비할 수 있습니다.

개념을 중심으로 학습할 내용을 선정하고, 학습자 경험을 중심으로 학습할 방법을 설계하고, 학습을 통해 기대하는 구체적 변화를 중심으로 평가를 설계하는 것. 그리고 이 전체 학습 과정을 학습자와 교사가 함께 성찰하는 것이 바로 교사에게 필요한 조망력입니다. 학습의 큰 그림을 보는 능력이죠.

조망력을 높이는 3가지 질문

Q1. 수업의 주제가 궁극적으로 추구하는 개념은 무엇인가?

Q2. 수업의 주제는 이전 학년에서 어디까지 다루어졌는가? 이후 학년에는 어떻게 다루어지는가?

Q3. 수업을 통해 기대하는 학습자의 변화는 무엇인가? 그 변화는 어떻게 확인할 수 있는가?

---

03 학습을 이끄는 질문력

수업 설계에서 가장 큰 비중을 차지하는 것은 무엇일까요? 학습 목표와 내용, 방법을 정한 뒤 본격적인 수업에 들어서면 우리는 '어떻게 학생들의 참여를 끌어낼까?', '어떤 질문으로 학생들이 스스로 배움을 만들게 할까?', '학생들은 어떤 답을 할까?' 등을 고민합니다. 이처럼 질문과 답변에 관한 고민은 소크라테스의 산파법 시대부터 교육의 핵심이었습니다. 특히 교사의 질문은 단순한 궁금증 해소가 아닌 특별한 의도를 담고 있기에, 학교 현장에서는 이를 '발문'이라 부릅니다.

교사의 의도적인 질문은 학생들의 호기심을 자극해 학습의 장으로 초대하는 역할을 합니다. 더 나아가 학생들의 생각을 끌어내고 사고력을 정교화하는 데 도움을 줍니다. 학생들은 질문에 답하는 과정에서 비판적 사고를 키우고 자신의 학습을 돌아보게 됩니다. 결국 답을 찾아가는 과정 자체가 학습이 되는 것이죠. 따라서 적절한 시기에 적절한 질문을 던지는 교사의 질문력은 성공적인 학습의 열쇠가 됩니다.

특히 러닝 퍼실리테이션에서는 퍼실리테이터가 던지는 질문의 내용과 타이밍에 따라 학습의 방향과 흐름이 크게 달라지기 때문에, 교사의 질문력이 학습의 질을 좌우합니다. 교사의 질문은 학습자의 사고력과 성찰, 학습목표에 도달을 돕는 등 학습 결과 생산을 넘어서 학습자의 역량개발까지 큰 영향을 미칩니다.

하지만 중요한 것은 질문의 양이 아닌 질입니다. 가장 핵심적인 질문을 하는 것입니다. 핵심 질문을 하기 위해서는 핵심 질문의 특징을 파악하는 것이 필요하겠지요? 교육학 분야의 저명한 학자인 제이 맥타이와 그랜트 위긴스는 훌륭한 핵심 질문의 특징을 다음과 같이 제시합니다.[*]

- 하나의 정답이 없는 개방형이다.
- 사고를 자극하고 지적 몰입을 이끌며 토론을 촉발한다.
- 단순 암기가 아닌 분석, 추론, 평가와 같은 고차원적 사고를 요구한다.
- 한 과목을 넘어 다양한 분야에 적용할 수 있는 사고를 이끈다.
- 추가 질문과 탐구를 끌어낸다.

[*] 제이 맥타이·그랜트 위긴스, 핵심 질문(2016), p.26, 사회평론아카데미

- 답뿐만 아니라 타당한 근거를 요구한다.
- 시간이 지나도 반복해서 던질 수 있는 질문이다.

핵심 질문의 목표는 단순히 답을 찾는 것이 아니라, 학생들의 사고를 확장하고 깊이 있는 탐구를 끌어내는 것입니다. 질문을 통해 더 깊은 배움의 세계로 나아가는 것, 그것이 학습의 핵심입니다.

질문력도 사고력의 한 부분이기에 연습과 훈련이 필요합니다. 피상적인 질문을 넘어 핵심을 건드리는 질문을 하기 위해서는 체계적인 접근이 도움이 됩니다. 실은 질문도 일종의 규칙을 갖고 있습니다. 영어 수업에서 배웠던 의문사 종류 기억하시나요? 앞자만 따서 5W1H라고 부르는 의문사 Who, When, Where, What, Why, How 를 차례로 활용해 보는 것도 질문을 만드는 형식 중 하나가 될 수 있지요. 여기서는 다음과 같이 조금 색다르게 질문 매트릭스를 예로 들어볼게요.

관점 시점	사건	상황	선택	인물	이유	수단
현재	무슨 일이 있나?	언제 어디에 있나?	어느 쪽인가?	누구인가?	왜 그러한가?	어떻게 하나?
과거	무슨 일이 있었나?	언제 어디에서 일어났나?	어느 쪽이었을까?	누구였을까?	왜 그랬을까?	어떻게 했을까?
미래	무슨 일이 생길까?	언제 어디에서 일어날까?	어느 쪽에 생길까?	누구일까?	왜 그렇게 될까?	어떻게 할까?
가능성	무슨 일이 생길 수 있을까?	언제 어디에서 일어날 수 있을까?	어느 쪽일 수 있을까?	누가 가능성이 있을까?	왜 가능했을까?	어떻게 가능했을까?
추측	무슨 일이 벌어질 수 있을까?	언제 어디에서 일어날 수 있을까?	어느 쪽에서 생길 수 있을까?	누구였을 수 있을까?	왜 그랬었을까?	어떻게 그랬을까?
상상	무슨 일이라면?	언제 어디에서 일어난다면?	이쪽이라면 어떨까?	그 사람이라면 어떨까?	왜 그럴 수 있었을까?	어떻게 그럴 수 있었을까?

　　질문 매트릭스 속에 제시된 질문을 살펴보니 질문 만들기가 생각보다 별것 아닌 것 같다는 자신감이(?) 조금 생겨나는 듯합니다. 어떤 맥락에든 수월하게 적용할 수 있을 것 같지요? 이 질문 매트릭스를 역사 수업에 적용해볼까요? 우리에게 너무 친숙한 3·1운동을 예로 들어

보겠습니다. 3·1운동을 주제로 질문을 만들 때 이 질문 매트릭스를 활용하면 어떤 질문이 나올까요? 우선 역사적 사실에 관해 탐구하고 싶다면 시점을 과거로 고정하면 좋겠지요.

과거	무슨 일이 있었나?	언제 어디에서 일어났나?	어느 쪽이었을까?	누구였을까?	왜 그랬을까?	어떻게 했을까?

<과거의 사실 탐구하기>
- 3·1 운동에서 무슨 일이 일어났나?
- 3·1 운동은 언제, 어디에서 일어났나?
- 3·1 운동은 일본과 한국 중 어느 쪽을 위한 사건이었을까?
- 3·1 운동은 누가 시작했을까?
- 3·1 운동은 왜 일어났을까?

질문을 만들기가 훨씬 수월하지요? 이러한 질문에 관해 답을 찾아가다 보면 과거에 일어난 역사적 사건을 학생들이 스스로 이해하게 될 것입니다. 질문 매트릭스의 힘은 이 정도에서 끝나지 않습니다. 학생들이 역사를 배우는 까닭을 떠올려 보면, 과거의 역사적 사실 속에서 다양한 관점을 찾고 그 관점을 현재와 미래에 적용하며 삶의 지혜를 익히는 것에 있기에 학생들이 역사를 배우며 관점을 갖는 일은 무척 중요합니다. 그러나 역사적 사실에 관한 관점은 수학 연산 문제처럼 답이 정해진 것이 아니기 때문에 학생들의 고차원적 사고를 더욱 요구합니다. 그럼 이번엔 똑같은 3·1 운동을 주제로 학생들의 역사적 관점을 생성해 나가는 질문을 만들어볼까요? 3·1 운동의 인물과 이유를 관점으로 질문을 만들어 보겠습니다.

인물	이유
누구인가?	왜 그러한가?
누구였을까?	왜 그랬을까?
누구일까?	왜 그렇게 될까?
누가 가능성이 있을까?	왜 가능했을까?
누구였을 수 있을까?	왜 그랬었을까?
그 사람이라면 어떨까?	왜 그럴 수 있었을까?

<인물 중심 질문>
- 3·1 운동은 누가 시작했을까?
- 3·1 운동을 제안한 사람은 누구였을까?
- 3·1 운동의 정신을 계승한 사람은 누구일까?
- 3·1 운동을 시작할 가능성이 있는 사람은 누구였을까?
- 3·1 운동에 참여했을 가능성이 있는 사람은 누구일까?
- 3·1 운동에 참여한 사람은 어떤 사람들이었을까?

<이유 중심 질문>
- 3·1 운동을 왜 했을까?
- 3·1 운동은 왜 생겨났을까?
- 3·1 운동은 이후에 어떻게 되었을까?
- 3·1 운동은 왜 가능했을까?
- 3·1 운동은 왜 그런 방식으로 했을까?
- 3·1 운동에 참여한 사람은 왜 그럴 수 있었을까?

이러한 질문들을 통해 학생들은 3·1 운동을 다각도로 이해하고 참고: https://encykorea.aks.ac.kr/Article/E0026772 , 나아가 비슷한 역사적 사건과 연결 지어 자신만의 역사관을 형성할 수 있습니다.

덧붙이자면, 질문력은 교사와 학생 모두에게 필요한 핵심 역량이라고 할 수 있습니다. 그래서 교사가 질문을 잘 준비하는 것을 넘어 학생들에게 질문을 만드는 기회를 줄 필요가 있습니다. 이것은 학생들의 학습을 촉진하고 역량을 강화하는 너무나 좋은 방법이지요.

경험상 아이들의 연령이 낮을수록 질문을 하라고 하면 기상천외한 갖가지 질문을 쏟아냅니다. 그러나 아이들의 학년이 올라갈수록 질문을 하라고 할 때 망설이는 모습을 볼 수 있습니다. 혹시 질문에 대한 부정적인 반응이나 주변의 시선이 아이들을 위축시킨 것은 아닐까요?

이럴 때 질문 매트릭스가 유용할 수 있습니다. 처음에는 매트릭스를 참고하여 질문을 만들다가 점차 자연스럽게 질문할 수 있게 되거든요. 익숙하게 질문을 만들고 질문에 관한 답을 궁리하는 탐구 과정을 거치다 보면, 자연스럽게 진짜 궁금하고 더 알아보고 싶은 질문이 꼬리를 물고 생겨나고요. 이러한 과정을 통해 학생들의 질문력이 향상되고, 개발된 질문력을 마중물로 삼아 학생들의 사고력도 함께 성장하게 됩니다. 단순한 질문 만들기 연습이 아닌, 사고력을 키우는 과정이죠.

질문력을 높이는 3가지 질문

Q1. 개방형 질문으로 탐구를 끌어내고 있나?

Q2. 교과를 넘어선 통합적 사고를 촉진하는가?

Q3. 깊이 있는 사고와 몰입을 유도하는가?

04 학습을 돌아보는 성찰력

성찰은 수업 설계의 시작이자 끝입니다. 교사는 성찰을 통해 자신이 의도한 학습 목표가 제대로 구현되었는지, 학생들의 성장을 효과적으로 이끌었는지 돌아볼 수 있습니다. 이는 단순히 수업을 반성하는 차원을 넘어, 더 나은 수업을 만드는 전문가로서의 성장 과정입니다.

의미 있는 성찰을 위해서는 체계적인 관점과 도구가 도움이 됩니다. Jan van den Akker가 제시한 '교육과정 스파이더 웹'은 9가지 관점에서 수업을 종합적으로 들여다볼 수 있게 해줍니다.

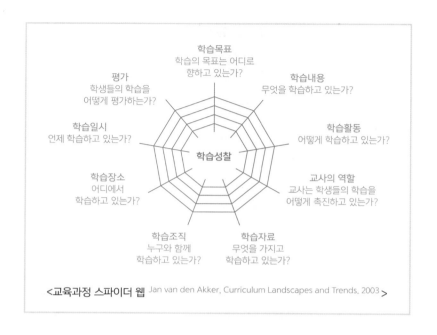

<교육과정 스파이더 웹 Jan van den Akker, Curriculum Landscapes and Trends, 2003 >

이 관점으로 5점 척도 자기 평가를 하면, 자신의 수업 설계가 얼마나 균형 잡혔는지 한눈에 파악할 수 있습니다. 예를 들어 학습 내용은 충실하지만 평가 방법이 미흡하다면 평가 부분을 보완하는 데 집중할 수 있을 것이고, 학습 내용 선정은 탁월했지만 시간 운영이 미흡했다면 다음 수업에서는 시간 배분에 더 신경 쓸 수 있겠지요.

자신의 학습설계가 잘 이루어졌는지 가시적으로 확인하고, 성찰하는 데 도움을 받을 수 있는 사이트*도 함께 소개합니다.

* https://pds.ibo.org/CurriculumSpiderWebChart

이 사이트에서 Confidence Chart Spider Curriculum Questions을 통해 자신이 설계한 교육과정이나 수업을 위의 9가지 기준에 따라 스스로 평가할 수 있습니다.

교사의 성찰은 전문성 개발의 핵심입니다. 성찰하지 않는 경험은 배움이 될 수 없습니다. 수업에 대한 체계적인 성찰은 더 나은 수업을 만들어 가는 교사의 가장 강력한 도구가 될 것입니다.

성찰력을 높이는 3가지 질문
Q1. 학습자는 어떤 목표를 가지고 학습하는가?
Q2. 학습자는 무엇을 어떻게 학습하는가?
Q3. 교사는 어떤 역할을 하는가?

질문이 이끄는 배움의 여정:
4가지 핵심 능력을 깨우는 수업 설계

#러닝 퍼실리테이션 수업 설계를 위한 질문 #공감력 #조망력 #질문력 #성찰력

독자분들은 수업을 계획하거나 설계할 때 어떤 과정을 거치시나요? 학교에서는 매년 연구 수업이나 공개 수업이 이루어지는데요. 한번은 '우리 생활 속 국악의 활용'을 주제로 장학 수업을 준비했습니다. 이번에는 그때 러닝 퍼실리테이션 수업 진행을 위한 공감력, 조망력, 질문력, 성찰력을 끌어올리는 3가지 질문을 활용하여 수업을 설계한 사례를 나누려고 합니다. 다음 질문은 제가 수업을 설계하며 스스로 답해 보았던 12가지 질문입니다.

러닝 퍼실리테이션 수업 설계를 위한 질문

공감력	학습자는 수업과 관련하여 무엇을 알고 있는가?	국악의 뜻, 국악의 특징, 국악기 등
	학습자는 수업을 마치고 나면 무엇을 알아야 하는가?	국악이 생활에 주는 의미, 영향
	학습자는 수업 주제와 관련하여 어떤 것에 흥미를 갖고 있는가?	국악 체험활동, 국악관현악단 경험
조망력	수업의 주제가 궁극적으로 추구하는 개념은 무엇인가?	'생활 속 국악', '국악과 삶의 관계'
	수업의 주제는 이전 학년에서 어디까지 다루어졌는가? 이후 학년에는 어떻게 다루어지는가?	3학년 '국악' '생활 속 음악의 활용', 5,6학년에도 '국악' 관련 활동이 이어짐
	수업을 통해 기대하는 학습자의 변화는 무엇인가? 그 변화는 어떻게 확인할 수 있는가?	학생이 평가 기준에 따라 자료를 만들어서 발표하는 것을 통해 생활에서 국악을 활용 하는 것의 의미를 이해했는지 확인하기
질문력	개방형 질문으로 탐구를 끌어내고 있나?	'왜 우리는 생활 속에서 국악을 사용할까?'
	교과를 넘어선 통합적 사고를 촉진하는가?	실제 학생의 삶에서 국악을 활용할 수 있을까? (평가 관련)
	깊이 있는 사고와 몰입을 유도하는가?	'생활에서 국악을 활용하는 것은 우리 삶에 어떤 영향을 주는가?'라는 질문으로 깊이 있는 사고와 몰입을 유도하고자 함
성찰력	학습자는 어떤 목표를 가지고 학습하는가?	생활 속 국악의 활용 사례를 찾아 발표하기
	학습자는 무엇을 어떻게 학습하는가?	모둠별 발표를 준비하며 우리 생활 속 국악의 활용을 개념적으로 이해하기
	교사는 어떤 역할을 하는가?	학생들의 사고와 표현을 촉진하기

이러한 질문 중심의 설계 과정에서 가장 큰 장점은 끊임없이 학습자의 관점에서 수업을 바라보게 된다는 점입니다. 러닝 퍼실리테이션은 학습자를 배움의 중심에 두는 과정입니다. 교사가 잘 가르칠 수 있는 방법이 아니라 학생들이 의미 있게 배울 수 있도록 수업을 구성해야 합니다. 러닝 퍼실리테이션을 알기 전에는 '내가 무엇을 가르치지? 어떤 활동이 공개 수업에서 조금 더 돋보일까? 눈에 확 띄는 어떤 자료를 준비할까?' 그런 생각을 많이 했습니다. 그런데 이상하게 수업하고 나면 화려한 무대 공연 뒤의 공허함이 몰려왔습니다. '아이들에게는 무엇이 남았을까?' 궁금했고요.

그래서 수업을 바꿔보고 싶었고, 학습자의 처지에서 수업을 설계하려고 했습니다. 우리 반 아이들을 자주 관찰하고, 아이들의 이야기를 들었습니다. 아무리 좋은 수업 방법도 우리 반 아이들에게 맞지 않으면 소용이 없기 때문이죠. 실제로 이러한 접근으로 수업을 설계하고 진행하니, 교사가 아닌 학생들이 훨씬 돋보이고, 아이들이 40분의 수업을 끌어가고 있음을 발견했습니다. 물론 바쁜 일상에서 수업마다 이런 깊이 있는 설계를 하기는 어렵습니다. 하지만 공개 수업이나 중요한 단원을 다룰 때는 꼭 이런 질문들을 통해 수업을 들여다보시길 권합니다.

또한 수업 설계는 고정된 것이 아님을 기억해 주세요. 학습자의 반응과 이해도에 따라 유연하게 조정되어야 합니다. 가능하다면 동료 교사와 함께 이 과정을 나누며 설계하시면 더욱 풍성한 수업이 될 것입니다.

직접 수업을 해보니, 질문을 통한 수업 설계의 과정을 경험하고, 진행하고, 그것을 성찰해보는 것은 무척이나 중요합니다. 한발을 떼는 것이 어렵지 한번 뗀 발을 옮기는 것은 점점 쉬워집니다. 꼭 한 번 질문을 통한 수업 설계를 경험해 보시기를 추천드립니다.

러닝 퍼실리테이션 수업 설계를 위한 질문

공감력	학습자는 수업과 관련하여 무엇을 알고 있는가?	
	학습자는 수업을 마치고 나면 무엇을 알아야 하는가?	
	학습자는 수업 주제와 관련하여 어떤 것에 흥미를 갖고 있는가?	
조망력	수업의 주제가 궁극적으로 추구하는 개념은 무엇인가?	
	이전 학년에서 이 수업의 주제는 어디까지 다루어졌는가? 이후 학년에는 어떻게 다루어지는가?	
	수업을 통해 기대하는 학습자의 변화는 무엇인가? 그 변화는 어떻게 확인할 수 있는가?	
질문력	개방형 질문으로 탐구를 끌어내고 있나?	
	교과를 넘어선 통합적 사고를 촉진하는가?	
	깊이 있는 사고와 몰입을 유도하는가?	
성찰력	학습자는 어떤 목표를 가지고 학습하는가?	
	학습자는 무엇을 어떻게 학습하는가?	
	교사는 어떤 역할을 하는가?	

좋은 교육이란 중요한 지식을 배울 수 있는 상황을
만들어주는 것이다.

도날드 L.핀켈

러닝 퍼실리테이션 학습 설계를 위한 햄버거 모델

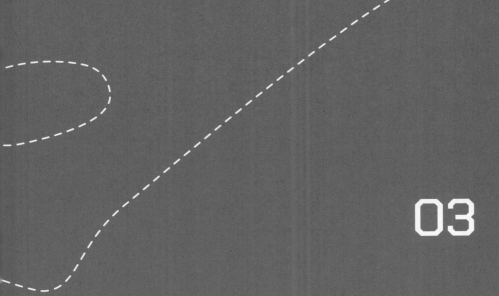

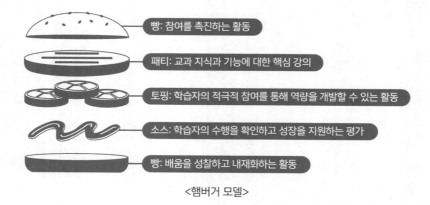 01 햄버거 모델이란?
: 간단하고 실용적이며 효과적인 학습설계방법

러닝 퍼실리테이션으로 다양한 수업을 설계하고 또 수업을 진행하다 보면 '아, 이렇게 설계하면 되는구나'라는 깨달음이 올 때가 있습니다. 그런 실천적 깨달음을 누구나 쉽게 따라 할 수 있게 정리한 것이 햄버거 모델입니다. 그래서 햄버거 모델을 활용한 학습 설계는 간단하고 실용적이며 효과적입니다.

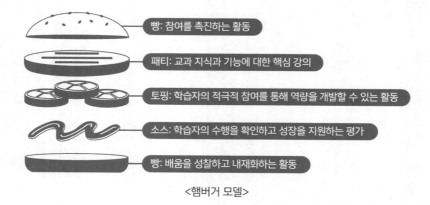

빵: 참여를 촉진하는 활동

패티: 교과 지식과 기능에 대한 핵심 강의

토핑: 학습자의 적극적 참여를 통해 역량을 개발할 수 있는 활동

소스: 학습자의 수행을 확인하고 성장을 지원하는 평가

빵: 배움을 성찰하고 내재화하는 활동

<햄버거 모델>

어때요? 군침이 좀 도나요? 그럼, 지금부터 햄버거 모델의 3가지 특징을 최대한 맛깔나게 설명해 드리겠습니다.

첫째, 구조가 간단합니다. 햄버거가 '윗빵-패티/토핑/소스-아래빵'의 단순하고 안정적인 구조를 가지듯, 햄버거 모델의 수업도 명확한 구조를 따릅니다. 교사는 이 기본 틀 안에서 수업을 구성하면 되므로 설계가 교사의 학습설계 부담을 덜어 줄 수 있습니다.

둘째, 방식이 실용적입니다. 수업의 상황과 목적에 따라 다양하게 변형할 수 있습니다. 내 입맛에 딱 맞는 햄버거를 만들기 위해 토핑을 추가하듯이 햄버거 모델 수업 설계에서도 학습 목표와 학습 내용에 알맞은 토핑을 추가할 수 있습니다. 가장 어울리는 소스를 고르듯이 학습 활동에 알맞은 평가 방법을 적절히 선택할 수도 있지요. 특히, 다양한 교과와 주제에 두루 활용할 수 있으며, 학습자의 수준과 특성에 맞춰 조정이 가능합니다.

셋째, 결과가 효과적입니다. 햄버거의 특징은 빵, 패티, 소스가 각각 독립적이면서도 하나의 맛으로 조화롭게 어우러진다는 점일 것입니다. 햄버거 모델도 이와 같은 원리로 작동합니다. 햄버거 모델을 활용한 수업은, 짧고 강력한 핵심 강의와 학생 중심 활동이 조화롭게 어우러져 학습 효과를 극대화합니다.

무엇보다 시작 단계에 학습 동기를 강화하는 퍼실리테이션 활동을 배치하여 학습자가 흥미를 갖고 자연스럽게 학습에 참여할 수 있도록 학습을 열고, 학습자가 스스로 배움을 내재화할 수 있는 퍼실리테이션 활동을 마지막 부분에 배치함으로써 학습자가 온전히 학습에 집중하고 본인 것으로 만들 수 있다는 확실한 장점을 갖고 있습니다. 학생들은 수동적 청취자가 아닌 능동적 학습자로 참여하며, 배운 내용을 실제 상황에 적용하는 전이 학습이 자연스럽게 이루어집니다.

이처럼 햄버거 모델은 교사에게는 부담 없는 설계를, 학생에게는 의미 있는 배움을 제공하는 실천적 교수법입니다. 그럼 햄버거 모델을 활용해서 러닝 퍼실리테이션 수업을 설계하고 진행한 사례를 살펴볼까요?

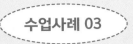

언어로 그리는 지식의 지도
: 키워드 연구 활동

#햄버거 모델 #사회 수업 #교류 #키워드 연구

햄버거 모델 구성		
빵	질문으로 상황 제시	여러분은 '교류'가 무엇이라고 생각하나요?
토핑 1	키워드 연구활동	교류의 뜻을 스스로 찾기(인터넷, 교과서, 국어 사전 등) 자신이 찾은 '교류'의 뜻에 맞는 사례 찾기
소스	관찰 평가	'교류'에 대해 조사한 내용 체크리스트로 관찰 평가
토핑 2	합의하기	각자 찾은 '교류'의 뜻과 의미를 모둠에서 공유하기 모둠에서 '교류'의 공통 요소 찾기

햄버거 모델 구성		
패티	개념 적용	교사의 설명: 우리가 앞으로 공부할 '교류'에 대한 정의를 다 함께 만들어 볼까요? 우리 반이 합의한 '교류'의 뜻 정의하기
빵	핵심내용 돌아보기	사회 교과서 속 '교류'의 뜻과 사례 살펴보기

사회 시간에는 '생산', '변화', '문화', '다양성'과 같은 추상적 용어가 자주 등장합니다. 학생들이 사회 수업을 어려워하게 만드는 대표적인 요소지요. 그래서 교사의 설명 중심이 아닌, 학생들이 직접 개념을 만드는 수업을 구상해 보았습니다. '낱말의 뜻을 함께 구성해 보면 어떨까?' 하는 생각이 들더군요. 교과서에 실린 정의를 그냥 외우는 것은 금방 잊어버리지만, 자기가 정말 궁금해서 찾고 더 품을 들여서 이해한 뜻은 더 오래 기억에 남으니까요. 본인의 고민과 맥락에서 출발했기 때문입니다.

4학년 2학기 <교류하며 발전하는 우리 지역> 단원을 시작하면서 이 방법을 시도해 보았습니다. 교과서에서는 경제적 측면에 초점을 맞춰 '교류'를 설명하지만, 실제로 교류는 문화나 예술 등 다양한 분야에서 이루어집니다. 그래서 먼저 학생들에게 물었습니다.

 빵: 질문으로 상황 제시

"여러분은 교류가 무엇이라고 생각하나요?"

토핑 1: 키워드 연구 활동

다음으로 '키워드 연구 활동'을 시작했습니다. 학생들은 먼저 자신이 생각하는 교류의 의미를 한 문장으로 적고 교과서, 사전, 국립국어원 홈페이지 등에서 공식적인 정의를 찾아 비교했습니다. 또한 실제 교류의 사례도 찾아보았죠. 한·중·일 문화교류 포스터를 찾은 학생도 있고, 국가 간 기술 교류 관련 기사를 발견한 학생도 있었습니다.

소스: 관찰 평가

이 과정에서 교사는 자료를 찾을 때 출처를 정확하게 제시하는지, 여러 정보를 주제에 맞게 정리하는지 관찰하며 평가하고, 개별 학생에게 알맞은 피드백을 제공했습니다.

토핑 2: 합의하기

다음은 각자 찾은 교류의 뜻과 사례를 친구들과 공유할 차례입니다. 4인 1조로 모둠을 구성해 각자 찾은 내용을 나누었습니다. 단순한 발표가 아니라, 서로의 조사 내용에서 공통점과 차이점을 찾고 키워드로 메모하며 경청하도록 했습니다. 모둠 옆으로 다가가니 아이들의 대화가 들립니다.

"너 이거 어디서 찾았어? 나는 이 내용은 못 봤는데"
"교류는 누가 하는 거지? 동물들도 교류할 수 있나?"
"교류는 왜 하는 건데?"

이런 과정을 거쳐 '교류'의 뜻에 포함되어야 하는 공통의 요소가 자연스럽게 도출됩니다. 교류의 뜻을 찾아가는 과정에서 학생들이 교류의 대상과 목적, 내용을 찾아낸다는 점이 놀라웠습니다. 질문과 의견을 나누는 경험 자체가 자연스러워지면 학생들은 다른 친구의 질문과 생각에서 또 배워 나갑니다. 각 모둠에서 찾은 '교류의 뜻'을 모아 종합할 차례가 왔습니다.

패티: 개념 적용

성인 학습자를 대상으로 하는 러닝 퍼실리테이션에서는 학습자 스스로 해답을 발견하지만, 어린 학습자는 교사의 도움이 필요하므로 학습 흐름을 관찰하며 적절한 때가 오면 학생들의 이해를 종합하며 학습을 한 단계 끌어 올려주어야 합니다.

> 교사: "교류의 뜻을 말할 때 꼭 들어가야 할 내용이 무엇일까요?"
> 학생: "서로 무언가를 교환한다는 거요."
> 교사: "무엇을 교환하지요?"
> 학생: "자기한테 필요한 것들이요."
> 교사: "왜 교환할까요? 만들어 쓰면 안 될까요?"
> 학생: "자기가 없는 게 필요하니까요. 만드는 방법을 모를 수도 있
>   잖아요. 시간이 오래 걸릴 수도 있고요."
> 학생: "선생님, 제가 국어사전에서 봤는데 경제적 이익을 얻기 위
>   해 교류를 한대요. 이익이 없는데 왜 하겠어요?"

교사: "다른 친구들도 이익을 얻기 위해 교류한다는 걸 인정하나요?"

이런 식으로 반 아이들과 함께 내린 교류의 정의는 다음과 같았습니다. '교환'이라는 단어는 '주고 받는 것'이라는 쉬운 말로 바꾸고, 교류하는 내용과 목적이 들어가도록 정리했습니다.

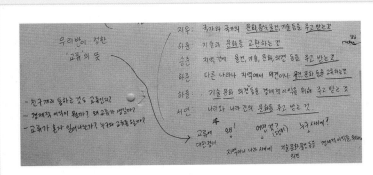

교류란?
지역이나 나라 사이에 기술, 문화, 물건, 의견 등을 경제적 이익을 위해서 서로 주고받는 것

빵: 핵심내용 돌아보기

이어서 우리 반이 만든 교류의 뜻을 교과서에 나온 내용과 비교했습니다. 교과서에서는 교류를 '경제 활동에 필요한 물건이나 서비스 등을 서로 주고받는 것'이라고 말하며 경제 교류가 생기는 까닭과 사례, 발생하는 이익을 설명하고 있었습니다.

교과서가 연역적으로 접근했다면 우리가 했던 방식은 귀납적이었습니다. 이 전체 과정에는 3~4차시가 필요했고, 학생들의 가정 학습 시간까지 포함하면 더 많은 시간이 소요되었습니다. 교사가 정의를 직접 알려주고 교과서 순서대로 진행했다면 훨씬 빨랐겠지만, '번거로운' 이 과정이 왜 필요했을까요? 그것은 이후 학생들이 '교류'라는 단어를 마주칠 때 떠올릴 경험과 관련이 있습니다. 자신의 언어로 개념을 구성한 학생들은 다른 맥락에서도 그 의미를 자신만의 방식으로 해석해 낼 수 있기 때문입니다.

러닝 퍼실리테이션을 활용한 참여형 수업은 전혀 쉽지 않습니다. 마치 수면 위에서는 우아해 보이지만 물속에서는 쉼 없이 발을 젓는 백조처럼, 교사는 끊임없이 학생들을 관찰하고 개별 맞춤형 지원을 제공해야 합니다. 생각을 표현하기 어려워하는 학생들을 위해 작은 단계의 활동을 마련하고, 조사나 참여에 어려움을 겪는 학생들에게 적절한 피드백을 주어야 하죠.

힘들긴 하지만, 실제 수업에서 학생들의 반응은 달랐습니다. 수동적으로 앉아서 중요한 내용에 밑줄 긋고 사례를 외우는 기존 수업과 비교했을 때, 학생들의 눈빛과 태도가 확연히 달랐습니다. 물론 "왜 이렇게 생각을 많이 하게 하세요?"라며 투덜거리는 학생도 있었지만요.

가장 놀라운 점은 이후 수업에서 나타난 변화였습니다. 교류 개념을 자신의 언어로 이해하게 된 학생들은 이어지는 수업에서 훨씬 높은 참여도와 몰입도를 보였습니다. 스스로 교류에 관한 질문을 만들고, 다른 반과의 교류 박람회도 주도적으로 준비했습니다. 이런 과정에서 '교류'에 대한 깊이 있는 이해를 더한, 기억에 남는 수업이었습니다.

🍄 토핑 Tip !

사회 수업에서 자료를 찾을 때는 다양한 출처를 활용하도록 안내하세요.
 - 교과서(잘 정리된 기본 자료)
 - 인터넷 자료
 - 학교나 지역 도서관의 책
 - 지역 교류 기관 방문 인터뷰
 - 현장 자료 수집
이처럼 다양한 자료와 방법을 통해 학생들이 개념을 폭넓게 이해하고 실제 맥락과 연결할 수 있도록 도와주는 것이 중요합니다.

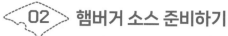

02 햄버거 소스 준비하기
: 수행과 평가를 연결하는 수행평가

맛있는 햄버거의 비밀은 소스에 있습니다. 유명 맛집을 소개하는 프로그램을 보면 항상 그 집만의 '비법 소스'가 등장하지요. 비법 소스는 재료 본연의 맛을 끌어올리며 음식을 완성하는 결정적인 역할을 합니다.

햄버거 모델에서 '소스'는 바로 '평가'를 의미합니다. 아직 학습도 설계하지 않았는데 평가를 먼저 생각한다는 게 의아할 수 있지만, 러닝 퍼실리테이션에서 평가는 학습 전반을 이끌어가는 핵심 요소입니다. 이는 백워드 설계 Backward Design 나 과정중심평가에서처럼 평가 활동이 학습 활동과 자연스럽게 통합되는 것을 의미합니다. 러닝 퍼실리테이션 전반을 이끌어가는 햄버거 모델에서 학습자가 학습 목표를 향해 나아가고 있는지 지속해서 확인하고 점검하며, 학습자의 성장이 일어났는지 확인할 수 있도록 설계하기 때문입니다. 그래서 햄버거 모델에서 '학습활동과 자연스럽게 통합된 평가'는 학습의 맛을 끌어내는 '비법 소스'인 것이죠.

그럼 지금부터 러닝 퍼실리테이션에서 평가는 어떤 의미를 지니고 어떤 역할을 담당하는지 함께 살펴보시죠.

백워드 설계란?

백워드 설계는 교육학 분야의 저명한 학자인 그랜트 위긴스와 제이 맥타이가 그들의 저서 'Understanding by Design'에서 제안한 교육과정 개발 방식입니다. 이 책의 제목을 직역하면 '설계를 통해 이해를 구축한다'는 의미로, 이는 백워드 설계의 핵심 철학을 잘 보여줍니다.

기존 교육과정 개발 방식은 일반적으로 수업 목표 설정, 학습경험 선정과 조직, 평가 계획의 순서로 이루어져 평가 계획을 후반부에 수립했습니다. 반면 백워드 설계에서는 목표 설정, 평가 계획 수립, 학습 경험 선정이라는 순서로 진행됩니다. 이처럼 평가 계획을 앞으로 가져온 절차상의 특징 때문에 '백워드 backward, 거꾸로 ' 설계라는 이름이 붙었습니다.

하지만 백워드 설계는 단순히 절차의 변화만을 강조하는 것이 아닙니다. 이 설계 방식의 궁극적인 목적은 학생들의 심층적인 이해를 달성하는 것입니다. 이를 위해 교육과정, 수업, 평가의 일관성을 높이고, 학생들이 도달해야 할 이해의 모습을 구체적으로 설정합니다. 이러한 특징들이 백워드 설계를 이해 중심 교육과정 개발의 핵심적인 방법론으로 만들고 있습니다.

수업과 평가의 연결고리, 수행평가

러닝 퍼실리테이션에서 평가는 주로 수행평가의 형태로 이루어집니다. 또한 수업과 평가가 분리되어 이루어지는 것이 아니기 때문에 학습 설계와 함께 평가 설계를 하게 됩니다. 수행평가라는 단어가 익숙하지 않은 독자분들은 점점 아리송하게 느끼실 것 같네요. 러닝 퍼실리테이션에서 중요하게 생각하는 평가인 수행평가는 무엇일까요?

수행평가 performance assessment 는 학생이 작품을 만들거나 발표를 하는 과정에서 학생 스스로 적용한 기술이나 능력을 평가하는 것입니다. 단순히 지식을 암기했는지 확인하는 게 아니라, 배운 내용을 자신만의 방식으로 표현하고 적용할 수 있는지를 보는 거죠.

수행이라는 용어는 기본적으로 수행기반 performance-based 을 의미하지만 좀 더 정교하게는 수행과 생산물 performance-and-product 의 약자입니다. 수행평가는 학생들이 스스로 자신의 지식과 기술로 작품을 만들어 과제를 수행하는 능력에 강조점을 둡니다. 즉, 학습 결과에 관한 평가를 넘어 학습 과정으로서의 평가가 필요하다는 것이죠. 교육 평가와 연구 방법론 분야에서 널리 알려진 학자인 제임스 맥밀런 James H. McMillan 교수는 학습 결과에 관한 평가와 학습 과정으로서 평가의 차이를 아래와 같이 설명합니다.*

* James H. McMillan 지음 손원숙 등 역, 교실평가의 원리와 실제: 기준참조수업과의 연계 p.258

학습과 평가 간의 관계	
학습 결과에 대한 평가 Assessment of Learning	학습 과정으로서의 평가 Assessment as Learning
총합	학습 과정에 학생을 참여시키는 것
수업 종료 시점에 실시	수업의 각 단원(단위) 동안 실시
학습결과를 보증하는 것	학습에 관한 자기점검능력을 향상하는 것
흔히 규준 참고적 기준을 사용함	학습평가 기준에 대한 학생의 이해를 강조함
일반적	구체적
학부모에게 성적표를 제공하기 위함	학생의 자기점검능력을 향상하기 위함
학생 동기를 감소시킴	학생 동기를 향상함
매우 효율적이지만 깊지 않은(피상적인) 평가	평가는 학생들을 가르침
신뢰도에 초점	타당도에 초점
지연된 피드백	즉시적 피드백
요약적 판단	진단적

수행평가 시 놓치지 말아야 할 것은 학습과 평가를 하나로 연결하는 것입니다. 학습 과제를 제시할 때 평가 기준도 함께 공개하여, 학생들이 자신의 학습을 스스로 점검하고 방향을 잡을 수 있게 해야 합니다. 교사는 이를 바탕으로 학생들의 활동을 관찰하며 즉각적인 피드백을 제공할 수 있고, 이는 다시 학생들의 성장으로 이어지는 선순환을 만듭니다.

마치 햄버거의 소스가 모든 재료의 맛을 조화롭게 어우러지게 하듯, 잘 설계된 평가는 학습의 모든 요소를 의미 있게 연결하고 학생의 성장을 끌어내는 핵심 역할을 합니다.

수행평가의 핵심 도구

1. 학습자의 자기평가를 돕는 평정척도

평정척도 Rating Scale 는 학습 결과, 성격, 태도 등을 평가할 때 정해진 기준이나 척도를 사용하는 관찰 기록방법입니다. 다양한 평정척도법이 있지만, 러닝 퍼실리테이션에는 자기평가를 위해 활용되기 때문에 학생들이 이해하기 수월한 수적 척도 Numerical Rating Scale 를 활용합니다.

수적 척도는 숫자로 척도를 제시하고 평가자가 판단하기에 알맞은 숫자를 고르는 형태이지요. 척도상 점수는 다양하게 제시할 수 있으며, 학습자가 자기평가를 통해 얻고자 하는 정보의 정교함에 따라 달라질 수 있습니다. 단순히 잘함, 보통, 노력 요함 등으로 자기평가를 활용하고자 한다면 3점 정도의 척도를 주는 것이 적절하고, 좀 더 자세하고 많은 진단 정보를 얻고자 한다면 5점 이상의 척도를 사용하는 것이 적절합니다. 어린 학습자의 경우 수적 척도가 너무 많이 제시되면 혼란을 겪을 수 있습니다. 따라서 학습자의 인지 수준에 알맞은 수적 척도를 제시하는 것이 중요합니다.

주의할 점은 평정척도 사용 전에 각 단계가 의미하는 구체적인 모습에 대해 학생들과 충분히 이야기를 나누는 것입니다. 특히 어린 학습자들은 자기평가에 익숙하지 않아 무조건 높은 점수를 주거나 감정적으로 평가하는 경향이 있기 때문입니다.

예를 들어 오늘 학습에 대해 자기평가를 하는 평정척도를 제시하며 아래와 같이 제시한다면 학생들은 어디에 표기할까요?

대부분의 어린 학생들은 오늘의 학습을 되돌아보지 않더라도 주로 3번에 표시할 것입니다. 친구들의 평판을 중요하게 여기는 고학년 학생이라면 2번에 표시할 것 같습니다. 이 평정척도에는 '잘한다는 것'의 기준이 무엇인지 명확히 드러나 있지 않기 때문입니다. 이 평정척도 상에서 '매우 잘하는 것'은 어떤 모습일까요? '노력을 요하는 것'은 어떤 모습일까요? 답을 하기가 모호하지요? 일단 스스로 자기평가를 하기에 앞서 학생들이 함께 오늘 학습을 되돌아보는 시간을 갖는 것이 좋습니다. 학습 상황에서 '매우 잘하는 것'은 어떤 모습으로 드러났는지, 조금 부족하다고 생각되는 모습이라면 어떤 것이 있었는지에 관해 성찰하는 시간을 가지면 자기평가가 좀 더 도움이 되는 방향으로 일어나기 때문입니다.

2. 교사의 관찰 평가를 위한 루브릭

수행평가의 핵심 도구인 관찰 평가는 학생들의 학습 활동을 직접 관찰하며 평가하는 방법입니다. 효과적인 관찰 평가를 위해서는 무엇을, 어떻게 관찰할 것인지 명확한 기준이 필요한데, 이때 사용하는 것이 바로 '루브릭 rubric '입니다. 루브릭은 학습 성취 정도를 평가하기 위해 미리 설정하고 공유하는 기준표입니다.

루브릭의 핵심은 '사전 공유'와 '명확한 기준'입니다. 수업을 시작할 때 학생들과 루브릭을 공유하면, 학생들은 자신의 학습이 어떤 방향으로 나아가야 하는지 스스로 판단하고 조절할 수 있습니다. 또한 교사는 이를 통해 객관적이고 일관된 평가를 할 수 있습니다.

저의 옛날 이야기를 하나 해볼까요? 평가에 대해 잘 알지 못하던 시절에 제 수업을 떠올려 보면 루브릭과 관찰이라는 평가 방법에 대해 명확히 알거나 활용하지 못했습니다. 어떠한 수행평가를 계획함에 있어서 루브릭을 작성하기는 하지만 그것이 수업 내의 학생활동에 도움이 될 만한 피드백으로 작용하거나, 제가 관찰의 관점으로 활용하지는 못했던 것 같아요. 그러다 보니 수업 상황의 모든 활동을 관찰하고 기록해야 한다는 부담감에 짓눌리게 되고, 수업 활동과 평가 활동을 따로따로 수행하다 보니 수업자인 저의 부담도 두 배로 늘게 되어 수업과 평가를 분리하여 수행하는 학생의 부담도 함께 증가했던 것이지요. 또한 학생들은 루브릭의 존재도 잘 모르기 때문에 학습 활동의 방향성에 대해 온전히 교사에게 의존해야 하고 교사는 또 많은 학생을 응대해야 해서 힘들어지는 악순환의 고리를 끊기 어려웠습니다.

하지만 지금은 다릅니다. 저도 이제 초보교사가 아니거든요. 루브릭을 적극 활용하면서 많은 것이 달라졌습니다. 예를 들어 논설문 쓰기 수업에서는 다음과 같은 핵심 준거들을 설정합니다.

준거	점수				비중
	0	1	2	3	
의견과 근거	의견과 근거가 없음	의견이 있으나 근거가 없음	의견이 있으나 근거가 미흡함	합리적인 근거와 함께 의견을 제시함	50%
글의 짜임	글에 짜임새가 없음	글의 짜임새가 미흡함	글의 짜임새가 일부 있으나 논리적 연결이 부족함	글이 짜임새 있고 논리적으로 연결됨	30%
문법과 가독성	문법적 오류로 글을 이해할 수 없음	문법적으로 오류가 적지만 가독성이 떨어짐	문법적으로 오류는 없으나 가독성이 부족함	문법적으로 오류가 없고 가독성이 뛰어나 이해가 쉬움	20%

이러한 준거들은 자연스럽게 수업의 핵심 내용이 됩니다. 그리고 교사는 이를 바탕으로 구체적이고 명확한 피드백을 제공할 수 있게 되고요. 여기서 더욱 중요한 것은 학생이겠죠. 학생이 논설문 쓰기라는 수행 과제를 받으며 위와 같은 루브릭을 함께 받았다면 학생들의 수행 결과는 어떻게 달라질까요?

학생들은 자신이 쓴 글을 스스로 점검하며 더 나은 채점 기준에 도달하기 위해 노력할 수 있게 됩니다. 또한 학생들끼리 서로의 글을 읽을 때도 어떤 점에 주목해야 하는지 정확히 파악할 수 있고요. 동료 학습자가 동료평가를 통해 유의미한 피드백을 할 수 있게 되는 것이지요.

이처럼 루브릭은 단순한 평가 도구를 넘어 수업의 방향을 안내하고, 학생의 자기주도적 학습을 돕는 나침반 역할을 합니다. 평가 과제가 곧 학습 활동이고, 평가를 통해 학습의 성장을 이룰 수 있다는 커다란 변화는 이런 작은 것에서 시작하고 또한 완성됩니다. 특히 학생들과 함께 루브릭을 만들거나 수정하는 과정은 그 자체로 의미 있는 학습 경험이 될 수 있답니다.

대화가 만드는 평가의 혁신
: 월드카페와 루브릭의 만남

#햄버거모델 #월드카페 #수행평가 #루브릭

지난 학기 6학년 사회 수업에서 '우리 지역의 문제와 해결방안'이라는 주제로 월드 카페 활동을 진행했습니다. 처음에는 학생들과 함께 월드 카페 방식을 설명하면서 "오늘은 우리가 모두 지역 문제 해결을 위한 원탁회의에 참석한다고 생각해 볼까요?"라며 시작했죠.

각자의 역할 이해하기

먼저 학생들에게 두 가지 역할을 설명했습니다.

- 호스트: 테이블의 토의를 이끄는 진행자
- 게스트: 다른 테이블을 돌며 다양한 의견을 나누는 참여자

각 테이블의 호스트에게는 특별한 미션을 주었습니다. "여러분은 이 테이블의 기록관이자 안내자예요. 이전 대화의 핵심을 새로운 게스트들에게 잘 전달하고, 모든 의견을 소중히 받아 적어주세요."

월드 카페가 성공적으로 운영되는 데 필요한 요건을 간단히 정리하면
다음과 같습니다.

> - 학생들이 적극적으로 참여하는가?
> - 학생들의 다양한 의견이 드러나는가?
> - 주제와 관련하여 다양하고 합리적인 의견이 제시되었는가?
> - 학생들의 의견을 논리적으로 종합하였는가?

그래서 활동을 시작하기 전, 다음과 같은 평가 기준표를 학생들과 함
께 살펴보았습니다.

준거	점수				비중
	0	1	2	3	
의견의 질	의견이 드러나지 않음	의견이 드러나지만 다양하지 않음	의견이 다양하지만 합리적이지 않음	다양하고 합리적인 의견이 드러남	40%
참여도	참여하지 않음	소극적으로 참여함	적극적으로 참여하지만 유의미하지는 않음	적극적으로 참여함	30%
결과의 통합성	결과를 도출하지 못함	결과가 도출되었으나 논리적이지 않음	결과가 도출되었으나 종합적이지 않음	논리적인 결과가 종합적으로 제시됨	30%

– 의견의 질 (40%)

"우리 동네에 실제로 있는 문제인가요?"

"해결 방안이 현실적이고 구체적인가요?"

– 참여도 (30%)

"다른 사람의 의견을 경청하나요?"

"자신의 생각을 적극적으로 나누나요?"

– 결과의 통합성 (30%)

"다양한 의견을 잘 정리했나요?"

"최종 제안이 논리적으로 설득력이 있나요?"

실제 운영 사례

한 테이블에서는 "학교 앞 횡단보도가 너무 위험해요."라는 문제가 제기되었습니다. 처음에는 단순한 불만처럼 들렸지만, 테이블을 옮겨가며 대화가 이어지자 점차 구체적인 해결 방안이 나왔습니다.

"신호등 시간을 좀 더 길게 조정하면 어떨까요?"

"등하교 시간에 교통 도우미를 늘리는 건 어떨까요?"

"학부모님들과 함께하는 안전 지킴이 제도를 만들면 좋겠어요."

이런 제안들이 모여 최종적으로는 '우리 학교 안전한 등하교 프로젝트'라는 종합적인 해결 방안이 도출되었습니다.

학생들은 이 활동을 통해 단순한 토의를 넘어 실제적인 문제 해결 방안을 찾아가는 경험을 했고, 교사인 저는 루브릭을 통해 객관적인 평가가 가능했습니다. 무엇보다 인상적인 것은 학생들이 자신의 의견을 자유롭게 나누면서도 평가 기준을 의식하며 책임감 있게 참여하는 모습이었습니다.

> ### 토의 수업에서 월드 카페를 활용하기[*]
>
> 월드 카페는 특정 질문이나 과제에 대해 최소 12명에서 최대 1,200명이 모여 아이디어를 도출하고 공유하는 대화 방식으로, 조직 변화 분야에서 널리 활용되고 있습니다. 이 방식은 소규모 그룹 4~5명 으로 시작해 대화를 진행한 후, 그룹 구성원을 교차하여 더 많은 사람이 의견을 나누고 아이디어를 발전시키는 특징이 있습니다.
>
> 월드 카페를 학교에서 토의 방식으로 활용할 가능성을 탐색한 한 연구를 소개해 드립니다. 이 연구는 교사들에게 월드 카페의 주요 특징과 사례를 소개한 후, 이를 수업에서 적용할 가능성에 대한 의견을 조사했습니다.
>
> 연구 결과, 교사들은 월드 카페가 수업에서 쉽게 활용할 수 있는 유용한 토의 방식이라고 평가했습니다. 월드 카페를 도입하면 학생들이 역동적으로 참여할 수 있는 수업 환경이 조성되고, 효과적인 학습이 이루어질 뿐 아니라 교사가 학생들을 더 깊이 이해할 기회를 제공한다고 보았고요.

* 장경원. (2012). 토의 수업을 위한 월드 카페 활용 가능성 탐색. 교육방법연구, 24(3), 523-545

또한, 교사들은 월드 카페가 적합한 주제로 개념과 원리, 경험과 실천, 아이디어 도출 및 개발, 학급 및 수업 운영과 관련된 주제를 제시했습니다. 이 중 가장 중요한 주제는 학생들이 학습한 내용을 기반으로 새로운 전략을 제시할 수 있는 활동들이었습니다.

결론적으로, 월드 카페는 학교 수업뿐만 아니라 창의적 체험활동이나 학생자치회 활동과 같은 다양한 교육 활동에서 유용하게 활용될 수 있습니다. 이를 효과적으로 적용하려면, 교사들이 쉽게 접근할 수 있는 구체적인 활용법과 수업 지도안이 제공될 필요가 있습니다.

03 > 햄버거 토핑 준비하기
: 역량을 개발하는 참여 활동

> "참깨 빵 위에 순 쇠고기 패티 두 장,
> 특별한 소스, 양상추, 치즈, 피클, 양파까지..."

세계적으로 유명한 햄버거 프랜차이즈 기업의 광고 음악을 기억하시나요? 이 노래를 들으면 그곳에서 먹었던 햄버거 맛이 기억나는 분들이 계실 것으로 생각합니다. 그런데 만약 이 레시피에서 치즈나 피클, 양파를 뺀다면 어떨까요? 비록 작은 재료들이지만 그것들이 빠진 맛은 우리가 알던 그 맛이 아닐 것입니다. 햄버거는 어떤 토핑을 넣느냐에 따라 햄버거의 맛이 크게 달라집니다. 토핑만 중요한 것이 아니라 어떤 빵을 쓸지, 패티는 어떤 재료의 배합으로 만들지 등 재료 간에 최적의 맛을 낼 수 있는 조합이 중요하지요. 러닝 퍼실리테이션에서 말하는 햄버거 모델도 마찬가지입니다. 수업에 들어가는 재료가 최적의 학습 효과를 낼 수 있도록 조합하는 것이 중요합니다.

그렇다면 '최적의 학습 효과'란 무엇일까요? 이는 배운 내용을 실제 삶에 적용하고 현실 문제를 해결할 수 있는 역량을 키우는 것이라고 할 수 있습니다. 역량은 지식, 기술, 태도가 통합적으로 발현되는 것을 의미합니다. 과거에는 기술이나 태도가 자연스럽게 길러진다고 여겼지만, 최근에는 이러한 요소들도 세심한 설계가 필요하다는 인식이 커지고 있습니다. 앞서 살펴본 이중 초점 dual focus 도 이러한 견해를 지지하는 설계방식이지요.

러닝 퍼실리테이션에서는 햄버거의 토핑처럼 다양한 활동을 통해 이러한 역량을 개발합니다. 여기서 중요한 것은 토핑을 준비하는 것이 단순한 활동 나열이 아니라는 것입니다. 이것은 교사가 세심하게 의도하여 설계한 역량개발 전략입니다. 상황과 맥락에 따라 활동은 유연하게 변할 수 있지만, 그 기저에는 항상 특정 역량개발이라는 명확한 목적이 있어야 합니다.

또한 수업의 마무리 단계에서는 학습자도 이러한 전략이 특정한 역량개발에 도움이 된다는 점을 인지해야 합니다. 학습자가 역량개발 전략을 인지하면 다음에 그 역량을 활용해야 할 때 같은 전략을 사용할 수 있습니다. 그리고 이는 학습 기술 개발에 큰 도움이 되어 평생 학습자로 성장할 수 있는 밑거름이 되기 때문이죠.

역량의 중요성은 모두가 인정하지만, 구체적인 개발 방법을 찾기는 쉽지 않습니다. 도대체 역량이 어떻게 드러나는지, 구체적으로 어떤 모습인지, 어떻게 키워줄 수 있는지에 대해 속 시원한 설명을 듣기 어렵기 때문입니다. 사고의 과정을 정확하게 분리해서 살펴보기 어려운 것과 마찬가지로, 역량도 분리되어 개발되기보다는 여러 가지 역량이 동시적으로 필요한 상황이 많기에 그런 어려움이 더욱 크게 느껴질 것입니다.

하지만 이렇게 생각해 보면 어떨까요? 모든 역량이 동등하게 중요하며, 한 가지 역량을 중점적으로 개발하는 과정에서 다른 역량들도 자연스럽게 함께 성장할 수 있다고요. 이 관점으로 접근하면, 토핑 선택이 좀 더 수월해질 것입니다.

역량개발을 위한 구체적인 활동사례

개정 교육과정에서 강조하는 여섯 가지 핵심 역량 개발에 적합한 퍼실리테이션의 기법 두가지를 소개해 드리겠습니다. 첫 번째는 아이디어를 내는 브레인스토밍 기법이고 두 번째는 다양한 발표 기법입니다.

자기관리 역량	지식정보처리 역량	창의적사고 역량
심미적 감성 역량	협력적 소통 역량	공동체 역량

1. 창의적 사고 역량을 위한 하이브리드 브레인스토밍 Hybrid Brain storming

수업에서 이미 많이 활용되는 기법 중 하나인 브레인스토밍을 떠올려볼까요? 브레인스토밍은 퍼실리테이션에서 참가자들의 아이디어를 발산하기 위해 자주 쓰이는 기법입니다. 브레인스토밍을 활동으로 제시할 때 교수자에게는 어떤 의도가 있을까요? 다양하고 창의적인 아이디어를 최대한 많이 생산해 내는 브레인스토밍 기법을 통해 학생들의 창의적 사고역량을 올리고자 하는 의도겠지요.

그런데 어린 학생들과 함께 브레인스토밍을 진행해 보면 브레인스토밍으로 내놓은 아이디어가 양적으로는 풍부하지만, 질적으로는 그렇지 못해서 다음 활동과 연결하기 어려울 때가 종종 있습니다. 매번 이런 결과를 낳는다면 브레인스토밍을 통해 창의적 사고역량이 길러진다고 보기 어렵지요. 그렇다면 브레인스토밍이 창의적 사고역량으로 연결되려면 어떤 과정이 필요할까요?

이러한 고민을 해결하고자 제시된 기법이 하이브리드 브레인스토밍입니다. 하이브리드 브레인스토밍은 미국 펜실베니아대학교 와

튼스쿨의 크리스티안 터비슈 교수와 칼 울리히 교수가 착안한 기법으로 다음과 같이 진행합니다.

이러한 방식은 단순한 아이디어 나열을 넘어 진정한 창의적 사고 역량개발로 이어질 수 있습니다.

이 방식은 개별적으로 생각을 떠올리고 정리하는 시간을 갖게 되어 제안되는 아이디어가 양적으로 풍부할 뿐만 아니라 질적으로도 향상되는 기법이지요. 단순한 아이디어 나열을 넘어 진정한 창의적 사고 역량 개발로 이어질 수 있습니다.

2. 발표를 통한 다양한 역량의 개발

수업에서 발표만큼 양면성을 지닌 활동도 드물 것입니다. 학생들은 발표하는 것을 좋아하지만, 다른 사람의 발표를 경청하고 그 내용을 깊이 이해하는 것은 어려워합니다. 같은 교실에서 여러 발표가 이어져도 비슷한 내용이 반복되거나, 중요한 발표가 끝난 뒤에 핵심 내용을 기억하지 못하는 경우도 종종 있고요.

그런데 발표라는 활동을 역량의 관점에서 들여다보면 흥미로운 점을 발견할 수 있습니다. 회사에서의 프레젠테이션이 주로 의사소통 역량에 초점을 맞춘다면, 교실에서의 발표는 훨씬 더 다양한 역량을 개발할 기회가 됩니다.

예를 들어 학생들은 발표 준비를 위해 다양한 자료를 조사하여 정리하고 분석하며 종합하는 일련의 정보처리 과정을 거쳐야 하므로 지식정보처리 역량이 필요합니다. 또한 팀을 이루어 함께 발표를 준비하고 진행하는 경우가 많으므로 공동체 역량은 필수지요. 더불어 장기간의 프로젝트 과제 마무리로 발표하기 위해 자신의 학습을 체계적으로 수행해야 하니 자기관리 역량도 있어야 합니다.

교수자가 설계 단계에서 발표를 통해 어떤 역량을 개발하고자 하는지 정확히 인지해야 하는 까닭이 여기에 있습니다. 만약 교수설계에서 역량을 고려한다면 학생들이 이 발표를 준비하고 수행할 때 가장 몰두해야 하는 부분에 힘을 줄 수 있겠지요. 학생들도 이 발표가 어떤 목적을 가지고 수행되어야 하는지 인지하며 발표를 준비하고 수행할 수 있으므로, 학생들이 역량에 대해 좀 더 구체적인 그림을 그려나가는 데에도 많은 도움이 됩니다.

그렇다면 발표를 통해 역량을 개발하기 위해 어떤 기법이 활용될 수 있을까요? 발표에 기법이 필요하다니 어딘지 모르게 어색하게 느껴질 수 있겠네요. 저의 라떼시절을 떠올려보면 발표는 목소리가 크고 발음이 분명하면 통과였는데 말이죠. (여기에 왠지 모르게 논리적으로 느껴지는 문장이 들어가면 금상첨화였죠.) 러닝 퍼실리테이션의 기법을 활용하면 목표하는 역량의 강화를 위해 다양한 발표 기법을 효과적으로 배치할 수 있습니다.

우리에게 가장 익숙한 전체 발표를 생각해 보겠습니다. 전체 발표는 언제 필요할까요? 같은 공간에 있는 모든 사람이 다 같이 공유해야 할 이야기를 전할 때 필요하지요. 사실 교사가 교실에서 학생들에게 설명하는 것도 일종의 전체 발표라고 볼 수 있습니다. 교사가 전체 학생을 대상으로 수업 시간 내내 전체 발표(?)를 하면 어떤 일이 생길까요? 아무리 멋진 이야기를 하더라도 수업 시간 내내 집중력이 같은 강도로 생기기는 어려울 것 같습니다. 따라서 전체 발표를 활용하려 할 때는 짧은 시간 내에 가장 핵심적인 내용을 전달할 수 있도록 발표 자료를 조직하는 과정이 필요합니다. 자료의 조직과 정리를 위해 학생들은 지식정보처리 역량을 활용해야 하겠지요. 이처럼 학습을 통해 길러주고자 하는 역량을 인지하게 되면 교수자는 학습 과정에서 어떤 역할을 해야 하는지, 어디에 초점을 두어야 하는지가 훨씬 명확해집니다.

<갤러리 스피치>

개인적으로 발표의 기법으로 자주 활용하는 것은 갤러리 스피치 Gallery Speech 입니다. 갤러리 워크 Gallery Walk 는 많이 들어보셨을 텐데 갤러리 스피치는 생소할 것 같습니다. 갤러리 스피치는 갤러리 워크와 발표를 혼합한 형태로 각 팀의 결과물을 게시하는 옆에 한 명의 발표자가 서 있는 방식입니다. 학습자들은 자유롭게 다른 팀의 결과물을 찾아다니며 각 팀의 결과물을 읽어보고, 궁금한 점이 생기면 발표자에게 물어볼 수 있습니다.

갤러리 스피치 Gallery Speech
- 공간 구성
  각 팀의 결과물을 교실 벽면에 전시
  각 결과물 옆에 팀 대표 발표자 배치

- 운영 방식
  학생들이 자유롭게 돌아다니며 다른 팀 결과물 탐색
  궁금한 점은 발표자와 직접 질의응답

갤러리 스피치가 이루어지고 있는 교실과 학습자들이 어떤 활동을 하고 있는지 머릿속으로 그려보세요. 학습자들은 교실 내부를 자유롭게 돌아다니며 각자 다른 팀이 작성한 결과물을 읽습니다. 어린 학습자들은 학습 결과도 흥미롭지만, 발표자의 존재가 무엇보다도 흥미롭게 다가오기에 발표자와 상호작용을 하고 싶어 합니다. 발표자와 상호작용을 하려면 학생들은 각 팀에서 제시한 발표 자료를 읽고 이해한 뒤 그에 알맞은 질문을 만드는 정보처리 과정을 겪습니다. 다양한 팀의 발표 자료를 읽다 보면 간혹 자신이 만든 발표 자료와 상충하는 발표 자료를 만나기도 합니다. 이때 학생들은 매서운 질문을 통해 상대팀의 발표 자료에서 허점을 찾으려고 노력합니다. 어른의 시각에서 보면 아이들의 귀여운 티키타카지만, 학습자 간 상호작용의 측면에서 분석하면 이 과정은 고도의 지식정보처리 역량이 발휘되어야 하는 훌륭한 학습 장면입니다.

갤러리 스피치가 이루어지는 과정에서 학생 개인의 내면과 학생들 간에 일어나는 상호작용을 자세히 들여다보면, 매우 다양한 역량이 연결되어 있다는 것을 알 수 있습니다. 이처럼 '발표'라는 단순한 말하기 활동을 교사가 세심하게 의도적으로 역량과 연결하여 설계한다면, 종합적인 역량개발의 장이 될 수 있습니다. 이어지는 사례와 함께 역량을 개발하는 또 다른 활동을 만나보시죠.

조용한 대화로 여는 그림책의 세계
: 깊이 있는 통합 학습

#러닝 퍼실리테이션 #역량 #그림책 #조용한 대화

검색만 해도 수많은 정보를 얻을 수 있고, AI가 정보를 정리해 주는 시대에 학생들은 무엇을 배워야 할까요? 단순 지식 전달을 넘어 역량개발이 중요해진 시대의 요구를 반영한 수업사례를 소개하고자 합니다.

이 수업은 '질문 만들기'를 통해 창의적 사고 역량을 키우는 데 초점을 맞췄습니다. 학생들은 답을 찾는 것에는 익숙하지만, 스스로 질문을 만드는 것은 어려워합니다. 수업에서는 영어 그림책을 통해 질문을 만들고 자신의 생각을 펼치는 능력을 키우고자 했습니다. 다음은 여기에 초점을 두고 만들어 낸 햄버거 모델입니다.

빵: 그림책으로 상황 제시

토핑: 감상질문 만들기

소스: 관찰 평가

패티: 핵심내용 설명

빵: 핵심내용 돌아보기

햄버거 모델 구성		
빵	그림책으로 상황 제시	니키 맥클루어 작가의 동영상 시청 See – Think – Wonder 활동으로 관찰과 생각 나누기
토핑	감상질문 만들기	그림책 'APPLE' 읽기 모둠별 감상 질문 만들기 '조용한 대화' 기법으로 생각 나누기
소스	관찰 평가	학생들의 질문과 생각, 참여 태도 관찰
패티	핵심내용 설명	그림책 핵심 내용 정리 페이퍼 커팅 기법과 작가 특징 설명
빵	핵심내용 돌아보기	사과를 주제로 한 다양한 활동 구상 개인별 후속 활동 선택

 빵: 그림책으로 상황 제시

수업 이야기로 들어가볼까요? 저는 수업에서 그림책을 자주 활용합니다. 영어 수업 자료로 니티 맥클루어 작가의 'APPLE'이라는 그림책을 가져왔습니다. 그녀는 페어퍼 커팅이라는 독특한 기법을 사용해서 그림책을 창작하는 작가입니다. 이번 수업의 목표는 영어 그림책의 내용을 이해하는 것입니다. 학생들에게 작가가 작업하는 장면이 담긴 동영상을 보여 주고, See – Think – Wonder 활동을 통해 각자 영상에서 본 것, 생각한 것, 궁금한 점을 나누었습니다.

<니키 맥클루어 작가의 'APPLE' 표지>

토핑: 감상질문 만들기

본격적으로 그림책을 읽어줄 차례가 왔습니다. 한 장 한 장 천천히 그림책을 읽어주고, 다시 그림만 볼 수 있게 한 번 더 보여주었습니다. 그러고 나서 친구들과 'APPLE' 그림책을 감상하고 이야기를 같이 나누면 좋을 질문을 만들기 시작했습니다. 그림책과 관련한 질문을 만들려면 먼저 그림책의 내용을 이해하려고 애쓰겠지요. 저는 다양한 대답이 나올 수 있는 열린 질문이라는 조건을 제시했습니다. 아이들은 각자 만든 질문을 모둠에서 의견을 나누고 하나의 질문을 선택한 후, 모둠별로 준비된 커다란 종이에 보드마커로 질문을 하나씩 쓰기 시작했습니다.

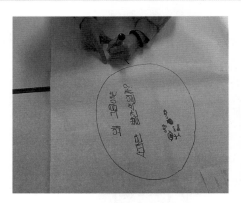

<종이에 자신의 질문을 쓰는 학생의 모습>

작가는 왜 책 속 글자의 색을 다르게 했나요?	작가는 그림책을 통해 무엇을 말하려고 했나요?
왜 단어로만 내용을 썼을까요?	왜 그림에는 사과만 빨간색으로 색칠했을까요?
책에 어떤 단어가 나왔나요?	그림과 단어는 서로 어떤 관계인가요?

'조용한 대화' 기법은 수업의 하이라이트였습니다. 모둠별 질문을 큰 종이에 적어 교실 곳곳에 붙이고, 학생들은 교실을 돌아다니며 각 질문에 답을 씁니다. 친구의 생각을 읽고, 덧붙이는 말을 쓰면서 자연스럽게 생각을 전개하고 공유하는 활동이지요.

이 과정에서 말을 하지 않고 서로의 생각을 나누기 때문에 '조용한 대화'라고 부릅니다. 만약 손을 들고 발표하라고 하면 쑥스러워서 말하지 못하는 학생들도 참여할 수 있고, 또 교실에서 몸을 움직이며 돌아다닐 수 있기에 아이들이 더 좋아하기도 합니다.

<학생들이 조용한 대화에 참여하는 모습>

소스: 관찰 평가

아이들이 조용한 대화에 참여하는 동안 교사도 함께 학생들이 쓴 질문과 생각을 읽고, 관찰한 내용을 메모하거나 "왜 그렇게 생각하나요?"라고 질문을 던지며 한 번 더 깊이 생각하도록 자극합니다.

패티: 핵심내용 설명

조용한 대화가 끝나면 교사는 참여한 느낌을 나누고, 종이에 쓰인 내용을 정리하면서 그림책과 작가에 대한 추가 설명을 합니다. 페이퍼 커팅 기법과 작가의 특징을 간단하게 핵심만 간추려 알려주었죠.

🍞 핵심내용 돌아보기

마지막으로 제가 만든 질문을 하나 던졌습니다. "작가는 사과를 소재로 그림책을 만들었는데, 여러분에게 사과가 있다면 무엇을 하고 싶나요?"

"바로 먹고 싶어요."
"사과파이 만들고 싶어요."
"저도 그림책 만들 거예요."

이 질문을 던진 이유는 다음의 활동을 학생들과 함께 준비하고 싶었기 때문입니다. 그러기 위해서는 아이들이 어떻게 생각하는지 알아야 하기 때문이지요.

이 수업은 단순히 지식을 전달하는 영어 그림책 읽기를 넘어 질문 만들기를 통한 창의적 사고력을 계발하고, 조용한 대화를 통한 의사소통 능력을 향상하고자 했습니다. 더불어 다양한 관점을 존중하는 태도를 함양할 수 있는 역량을 개발하도록 세심하게 또한 의도적으로 설계된 수업이었답니다.

사례를 읽으면서 이미 느끼셨겠지만, 학생들의 배움을 촉진하기 위한 수업을 준비하는 것은 훨씬 더 많은 고민이 필요합니다. 저는 러닝 퍼실리테이션 수업을 준비하면서 스스로에게 "어떻게 하면 아이들이 스스로 문제를 해결하고, 친구와 함께 참여할까?"라는 질문을 지속적으로 던집니다. 신기한 것은 그 과정에서 학생을 바라보는 관점이 변하더군요. 단순히 지식을 전달받는 사람이 아닌 스스로 질문을 구성할 수 있고, 공유하고, 구성해 갈 수 있는 사람으로 믿어지는 것이지요.

영어 그림책 수업을 통해 또 다른 질문이 생겨났습니다. "아이들에게 필요한 역량은 무엇일까? 무엇을 통해 그것을 기를 수 있을까?"라는 것입니다. 아이들이 다음 수업은 교실에서 사과로 요리를 하고 싶다고 합니다. 아무래도 앞의 2가지의 질문을 두고 다시 행복한 고민을 시작해야 할 것 같습니다.

🍄 토핑 Tip !

'조용한 대화' 활동을 할 때 질문에 대한 답만 쓰는 것이 아니라, 이미 쓰인 답을 비슷한 것끼리 묶거나 다른 사람의 관점을 확인하고 궁금한 점을 덧붙이는 등 참여 학생들이 더 적극적으로 참여하도록 독려하면 좋습니다.

배움은 단순히 주어진 지식을 받는 것이 아니라,
그것을 통해 세상을 이해하고,
자신을 변화시키는 것이다.

조지 버나드 쇼

러닝 퍼실리테이션
FAQs

04

Q1 어린 학습자에게 러닝 퍼실리테이션을
어떻게 적용할 수 있나요?

러닝 퍼실리테이션은 원래 기업 교육에서 시작되어 성인 학습자에게 효과적인 것으로 알려져 있습니다. 성인과 초중고 학생들과는 차이가 있는데 적용할 때 어떤 점을 고려해야 하나요?

러닝 퍼실리테이션을 초중고 학생에게 적용할 때는 몇 가지 중요한 차이점을 고려해야 합니다.

첫째, 학습자의 학습 수준이 다릅니다. 성인 학습자는 이미 풍부한 학습 경험과 기본적인 역량을 갖추고 있는 반면, 학생은 기초 학습부터 시작해야 하는 경우가 많습니다. 둘째, 다루는 문제의 성격이 다릅니다. 기업에서는 주로 정답이 정해지지 않은 비구조화된 문제를 다루지만, 학교 교육에서는 대체로 정해진 답이 있는 구조화된 문제를 다룹니다. 셋째, 기대하는 목표가 다릅니다. 기업에서의 목표는 '현장에서 실천'할 수 있는 학습 전이에 초점을 맞추지만, 학교에서는 지식 습득에서 역량개발까지 더 폭넓은 범위의 목표에 초점을 두고 있습니다.

	기업 러닝 퍼실리테이션	학교 러닝 퍼실리테이션
대상	성인	학령기 아동, 청소년
학습 수준	높음	낮음
문제	비구조화된 문제 (Ill-structured Problem)	구조화된 문제 (Well-structured Problem)
목표	학습 전이 (현장에서 실천)	지식 습득 ~ 역량개발

이러한 차이점을 고려할 때, 『학습의 차원 The Dimensions of Learning Trainer's Manual 』* 모델은 학교에서 러닝 퍼실리테이션을 적용하는 데 훌륭한 틀을 제공합니다. 이 모델은 효과적인 교수 전략 개발 분야의 선구자적 학자인 로버트 마르자노 박사가 제안한 모델로 학습을 다섯 가지 단계로 나누어 접근합니다.

* Marzano, R., & Pickering, D. J. (1997). The dimensions of learning trainer's manual. ASCD.

첫 번째 차원은 태도와 인식의 형성입니다. 학생들이 학습에 대해 긍정적인 태도를 가지고, 안전하고 지지적인 환경에서 배울 수 있도록 하는 것이 중요합니다. 두 번째 차원은 지식의 습득과 통합으로, 새로운 지식을 이해하고 기존 지식과 연결하는 과정입니다. 세 번째 차원에서는 지식을 확장하고 정교화하는데 비교, 분류, 추론 등 더 복잡한 사고 과정을 통해 이해를 깊게 만듭니다. 네 번째 차원은 지식의 의미 있는 사용으로, 배운 것을 실제 문제 해결에 적용하고 장기 프로젝트를 수행하는 단계입니다. 마지막 다섯 번째 차원은 사고의 습관을 형성하는 것으로 비판적 사고, 창의적 사고, 자기 조절적 사고 발달을 목표로 합니다.

<학습의 차원>

1차원	2차원	3차원	4차원	5차원
태도와 인식 (Attitudes and Perceptions)	지식의 습득과 통합 (Acquire and Integrate Knowledge)	지식의 확장과 정교화 (Extend and Refine Knowledge)	지식의 의미 있는 사용 (Use Knowledge Meaningfully)	사고의 습관들 (Habits of Mind)
학급 분위기와 학습 과제에 대해 긍정적인 태도와 인식을 확립	새로운 지식을 배울 때 잘 이해하고 기억하며 내면화	깊은 이해를 위한 복잡한 사고 과정을 계발	가장 효과적인 학습이 일어남. 의미 있게 지식을 사용한다는 것은 복합적인 사고 과정을 통해 장기간 과제를 완성	학생들은 자연스럽게 비평적 사고와 창의적인 사고를 하며, 스스로 성찰해 자신의 행동과 사고를 조절
	서술적 지식은 새로운 지식과 선지식을 연관지어 구조화, 절차적 지식은 단계를 배우고 이를 쉽게 실행할 수 있도록 연습	비교, 분류, 요약, 귀납적 추론, 연역적 추론, 주장 뒷받침하기, 오류분석, 관점 분석 등	의사결정, 문제 해결, 발명, 실험조사, 탐구, 분석 등	

우리는 그동안 '학습의 수준을 높인다' 하면 선행학습을 해왔습니다. 다시 말해 상위 학년 지식을 다루며 높은 수준 교육을 한다고 여겼습니다. 그러나 학습의 차원 관점으로 보면 일반적인 선행학습은 '2차원 지식의 습득과 통합'을 반복할 뿐입니다. 더 많은 양의 지식을 다룰

뿐 수준이 높아진다고 하기는 어렵습니다. 이런 선행학습을 통해서는 역량개발을 기대할 수 없습니다.

학습의 5가지 차원을 고려한 단계적 접근을 통해 학생들은 기초지식을 탄탄히 하면서도 동료와의 상호작용을 통해 사고를 확장하고, 실제적인 문제 해결 능력을 키울 수 있습니다. 이는 단순한 지식 전달을 넘어 진정한 역량개발로 이어질 수 있는 효과적인 방법이 될 수 있습니다. 이것이 학교에서 러닝 퍼실리테이션을 해야 하는 이유입니다.

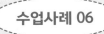

기억을 지식으로
: 인출 훈련을 통한 줄거리 발표

#상호교수 #국어 교과서 #줄거리 발표 #인출 효과

빵: 수업 안내하기

패티: 수업 내용 설명하기

토핑: 시계 친구 활동하기

소스: 상호평가

빵: 우리 반 미술관 만들기

햄버거 모델 구성		
빵	교과서 본문 읽기	국어 '투발루에게 수영을 가르칠 걸 그랬어' 교과서 지문 읽어주기
토핑	요약하여 발표하기	스스로 내용을 떠올리며 다시 한번 읽기 혼자서 줄거리 발표하기 친구와 함께 지문 내용 줄거리 발표하기 (들으면서 교과서 내용 다시 보기)
패티	교과서 내용 설명하기	교과서 본문의 원작 그림책 보여주고 설명하기

햄버거 모델 구성		
소스	자기 평가	교과서 내용 요약하고, 자신이 쓴 줄거리 해당하는 페이지 표시하기
빵	내용확인 문제풀기	교과서에 나온 문제 풀고, 설명하기

국어는 가장 많은 수업 시수를 차지하는 교과 중 하나입니다. 방대한 내용을 다뤄야 하다 보니 교과서 진도를 따라가기에 급급한 경우가 많았죠. 특히 학년이 올라갈수록 지문은 길어지고, 문해력에 대한 요구도 높아집니다.

저의 기존 국어 수업은 대부분 교과서의 순서를 그대로 따랐습니다. 학생들이 지문을 읽고 문제를 풀면, 제가 답을 알려주는 식이었죠. 가끔 이야기책이나 연극, 작가와의 만남 같은 특별한 활동을 하면서도, 일상적인 교과서 수업을 어떻게 더 효과적으로 만들 수 있을지 늘 고민했습니다. 그러다 학습 과학의 '인출 효과 Testing Effect [*]'와 스키마언어교육연구소[**] 의 수업 방식 중 하나인 '줄거리 발표' 방법을 결합해 보기로 했습니다.

흔히 보는 현상이지만, 학생들이 방금 읽은 교과서 내용도 잘 기억하지

[*] 인출효과란 학습한 내용을 단순히 반복해서 읽거나 암기하는 것보다, 이를 기억에서 능동적으로 꺼내는 과정(인출)을 통해 학습 효과를 극대화할 수 있다는 심리학적 원리입니다.

[**] 스키마언어교육연구소는 언어, 특히 독서를 통해 새로운 인식들을 모색하는 연구소입니다.
http://www.schemaedu.co.kr/gnu/

못하는 경우가 많습니다. 더 큰 문제는 이해했다고 말하면서도 실제 문제를 풀 때는 엉뚱한 답을 쓰는 경우입니다. 이런 고민 속에서 햄버거 모델을 활용한 새로운 수업을 설계했습니다.

빵: 교과서 본문 읽기

4학년 국어 교과서에는 '투발루에게 수영을 가르칠 걸 그랬어'라는 이야기가 나옵니다. 먼저 교사가 3~4쪽 정도 되는 지문을 학생들에게 읽어줍니다. 다음은 학생들이 읽을 차례인데요. 전체를 읽고 나서는 혼자 멈춰서 속으로 '무슨 내용이었지?' 떠올리면서 읽게 했습니다.

토핑: 요약하여 발표하기

다 읽은 후에는 혼자서 전체 내용의 줄거리를 소리 내어 말하는 시간을 주었습니다. 그다음에는 15분 동안 짝과 함께 본문의 내용을 5단계로 발표하는데, 먼저 전체 지문을 머릿속으로 나름 5단계로 나누고 짝이 말한 다음부터 이어서 말해야 합니다. 즉, 둘이 힘을 합쳐서 하나의 이야기 줄거리를 발표하게 하는 것입니다.

『어떻게 공부할 것인가』*** 라는 책에 따르면, 기억 속에서 내용을 떠올리는 '인출 연습'이 단순히 반복해서 읽는 것보다 더 효과적인 학습 전략이

*** 헨리 뢰디거, 마트 맥대니얼, 피터 브라운, 『어떻게 공부할 것인가』, 와이즈 베리, 2014.

라고 합니다. 실제로 학생들에게 배운 내용을 소리 내어 말하도록 했더니, 내용을 더 잘 기억했을 뿐 아니라 조용했던 국어 시간이 활기찬 학습의 장으로 변화했습니다.

패티: 교과서 내용 설명하기

혼자 되새기고, 친구와 함께 줄거리 발표한 후에는 제가 국어 교과서의 원작을 구해서 읽어주고, 아이들은 다시 한번 내용을 머릿속으로 그립니다. 그때 자신이 빠뜨린 부분을 생각하고, 궁금한 것은 질문하지요.

소스: 자기 평가

다음 활동은 줄거리를 요약해 볼 차례입니다. 아까 소리 내어 발표했던 줄거리를 손으로 쓰는 것입니다. 앞서 자기 말로 전체 내용을 다섯 부분으로 나누어 요약을 한 셈이니 훨씬 부담이 덜 합니다. 쓰고 나서는 국어 교과서를 보면서 자신이 요약한 부분에 해당하는 쪽수를 적으며 스스로 확인합니다. 일종의 자기평가로, 앞부분에 치우쳐서 줄거리를 요약한 경우 앞쪽의 내용으로만 5단계가 모두 채워진 때도 있고, 5단계에 전체 내용이 골고루 나누어져 있기도 합니다. 교사가 알려주는 것이 아니라 학생들이 직접 찾을 기회를 주는 게 중요합니다.

빵: 내용확인 문제풀기

마지막으로는 교과서에 나오는 내용을 확인하는 문제를 함께 풀어봅니다. 보통 책을 읽고 바로 줄거리를 요약하라고 하면 중요한 사건이나 인물의 이름이 듬성듬성 빠져있는데, 생각을 꺼내는 과정을 거친 후 아이들의 요약은 더욱 구체화되었고 내용을 확인하는 문제를 풀 때도 정확하게 이해하고 자기 생각을 펼쳐나가는 모습을 볼 수 있습니다.

이 수업방식의 핵심은 단순한 읽기를 넘어 '생각을 꺼내는 연습'을 하는 것입니다. 국어뿐 아니라 사회, 과학 등 텍스트 이해가 필요한 모든 교과에 적용할 수 있습니다. 뇌가 근육처럼 단순 훈련으로 강화되지는 않지만, 학습의 중심이 되는 신경 회로는 이러한 회상과 복습을 통해 더욱 탄탄해진다고 합니다.

러닝 퍼실리테이션 수업을 계획할 때 가장 중요한 것은 '학생들이 더 잘 배울 수 있도록 돕고 싶다'는 마음입니다. 수업에 관한 작은 고민이 모여 배움의 방식에 의미 있는 변화를 불러올 수 있다는 것을 이번 수업을 통해 다시 한번 확인할 수 있었습니다.

🍄 수업 Tip !

인출 활동은 수업 중 자주 활용할수록 효과적입니다. 예를 들어 새로운 단원을 시작하기 전에 지난 시간 내용을 짧게 회상하거나, 수업 마무리 단계에서 오늘 배운 내용을 정리하는 데 활용할 수 있습니다. 이는 학생들의 기억을 강화하고 망각을 방지하는 데 큰 도움이 됩니다.

다양한 친구를 만나는 예술 수업
: 시계 친구 그리기

#시계 친구 #미술 시간 #내 친구 그리기 #인터뷰 #짝 만들기

빵: 수업 안내하기

패티: 수업 내용 설명하기

토핑: 시계 친구 활동하기

소스: 상호평가

빵: 우리 반 미술관 만들기

햄버거 모델 구성		
빵	수업 안내하기	'내 친구 얼굴 그리기' 활동 안내
패티	수업 내용 설명하기	'예시 작품'을 보여주며 내 친구 얼굴 그릴 때 고려할 점 설명하기
토핑	시계 친구 활동하기	짝을 어떻게 정할까 논의하기 시계 친구 정하기 10시 친구 만나서 인터뷰하고, 친구 얼굴 그리기

햄버거 모델 구성		
소스	상호평가	친구에게 그린 그림 보여주고, 포스트잇에 감상 소감 쓰기
빵	우리 반 미술관 만들기	각자 그린 작품을 벽에 붙여서 우리 반 미술관 완성하기

새 학기가 되면 알고 지내던 친구도 있지만 처음 만나는 친구들이 많지요. 서로 낯설어하는 학생들을 하나의 새로운 공동체로 초대하기 위해 3~4월에는 서로를 알고 친해질 수 있는 다양한 활동을 수업과 연계하여 진행합니다. 왜냐하면 학습에는 그 교실의 분위기, 교우 관계 등 정서적인 부분도 큰 영향을 미치기 때문입니다.

아이들이 어떻게 하면 더 자연스럽게 새로운 친구들을 만나서 서로 알아갈 수 있을까 고민하던 중에 미술 교과서에 있는 '내 친구 얼굴 그리기'라는 내용이 떠올랐습니다. 수줍어서 말을 잘하지 못하는 아이들도 그림을 그리는 것은 수월하게 여기기 때문에, 이 수업이 서로에게 마음을 열고 친구를 좀 더 이해할 수 있는 시간이 되길 바라며 러닝 퍼실리테이션을 활용한 '내 친구 얼굴 그리기' 수업을 준비했습니다.

빵: 수업 안내하기

미술 수업을 시작하면서 저는 교과서에 나와 있는 오늘의 수업 주제를 안내하였습니다.

 패티: 수업 내용 설명하기

미리 예시 작품을 구해서 그릴 때 어떤 점을 고려할지 설명합니다. 예시를 보여주는 이유는 사진처럼 똑같이 그리는 것보다 친구의 특징, 전체적인 분위기가 담기도록 그리는 것이 어떤 것인지 보여주기 위해서입니다. 간혹 똑같이 그려야 한다는 부담감에 스케치도 어려워하는 친구들의 마음을 헤아리며 예시 그림이 하나의 틀이 되지 않도록 주의합니다.

 토핑: 시계 친구 활동하기

다음은 어떤 친구를 그릴 것인가 결정할 차례입니다. 보통 옆 짝꿍을 그리거나 교사가 정해주는데, 교실에서 짝 활동이 일어날 때마다 옆 사람, 뒷사람끼리 하는 데도 한계가 있습니다. 또 다양한 친구를 만나야 아이들이 여러 관점을 들을 수 있기도 합니다. 그래서 어떻게 짝을 정할까 고민 끝에 어느 연수에서 배웠던 '시계 친구' 활동이 떠올랐습니다. 시계 친구는 영어로는 'clock partner', 'clock buddy'라고 합니다. 검색창에 'clock partner'를 치면 다음과 같은 이미지가 나옵니다.

위의 활동지 자료를 한글로 번역한 후 아이들에게 나누어 줍니다. 자신의 이름을 쓰고, 처음에 1시부터 12시까지 그려진 종이의 빈칸에는 시간마다 만날 사람의 이름을 씁니다. 이때 돌아다니면서 대화를 나누며 시간 약속을 정합니다.

"안녕하세요? 저는 ㅇㅇ입니다. 만나서 반갑습니다. 혹시 1시에
시간 괜찮으세요?"
"네. 좋아요. 제 이름은 ㅇㅇ이에요"

서로 시간이 맞으면 1시 옆 빈칸에 만날 사람의 이름을 적습니다. 반 아이들이 24명이면 1시부터 12시까지 만날 친구가 정해집니다. 한 번 정하고 나면 교사는 "3시 친구끼리 만나서 사회 보고서 같이 쓰세요.", "12시 친구끼리 수학 익힘책 확인하세요." 이렇게 시간으로 짝을 정할 수 있습니다. 저는 미술 시간에 시계 친구를 활용하면 새 학기라서 아직 이름도 모르니 자연스럽게 이름도 외울 기회가 되고 수업과도 연결할 수 있을 거로 생각했습

니다. 시계 친구를 다 정하고 시계를 보니 오전 10시였습니다.

　　"여러분, 앞으로 순서를 말할게요. 지금 10시 친구끼리 만나세요.
　　그리고 인사를 나누고 친구에 대해 궁금한 점 3가지 정도 질문하고
　　이야기를 나누세요. 마지막으로 서로의 얼굴을 그려주세요."

　　아이들은 마치 놀이처럼 새로운 짝을 만나는 데 거부감이 없었고, 10시
친구끼리 만나서 서로 대화하고 답변을 메모하게 했습니다. 이야기를 나누
며 공통점을 발견하기도 하고, 다른 점을 찾기도 합니다. 친구를 이해하는
시간이 그림에도 담기길 바랐습니다. 친구와의 인터뷰가 끝나면 친구의 특
징을 잘 드러낼 수 있는 재료를 선택하여 그리기 시작합니다. 부드러운 느
낌을 나타내려고 파스텔을 선택하기도 하고, 종이접기를 좋아한다는 친구
를 위해 색종이를 이용하기도 합니다. 잔잔한 음악과 함께 본격적으로 아이
들의 미술 작업이 시작되고 교사는 더 필요한 재료나 도와줄 부분이 없는지
살핍니다. 학생들이 자신의 느낌을 충분히 표현할 수 있도록 넉넉하게 시간
을 주는 것이 좋습니다. 2시간 정도 흘렀을까요? 작품을 완성하고 친구에
게 자신이 그린 그림을 보여줍니다. 웃기도 하고, 생각보다 잘 그렸다고 좋
아하는 친구들도 보입니다.

〰️ 소스: 상호평가

　　그림을 볼 때 자신의 어떤 특징이 드러났는지, 재료의 선택은 어떠했는

지 등 두 가지의 좋은 점과 한가지 바라는 점을 포스트잇에 써서 이야기를 나눕니다. 이것이 피드백의 한 방법이라는 것을 언급하며 그림 실력보다는 작품에 담긴 의미와 특징에 초점을 맞추도록 안내했죠.

빵: 우리 반 미술관 만들기

꽤 긴 여정의 미술 수업이 끝나고 마지막으로 교실 벽면에 서로 그려준 친구들의 얼굴 그림이 하나둘씩 붙여집니다. 우리 반의 미술관이 완성되는 순간입니다. 시계를 보니 벌써 12시입니다.

"여러분 오늘 점심시간에는 12시 친구와 함께 밥을 먹어요."

이렇게 미술 수업은 단순한 그리기를 넘어 서로를 이해하고 공동체를 형성하는 의미 있는 시간이 되었습니다. 새 학기 적응이 어려운 학생들도 자연스럽게 친구들과 어울리게 되었고, 서로의 특징을 이해하고 존중하는 분위기가 만들어졌습니다. 무엇보다 이 경험이 이후의 모든 수업에서 협력적 학습의 토대가 되었다는 점이 가장 큰 성과였습니다.

🦐 수업 Tip !
시계 친구 활동은 서로 모르는 사람들이 만났을 때 어색함을 줄이고 라포 형성을 위해 사용할 수 있습니다. 시계 친구를 정한 후에 서로 가벼운 대화를 나누게 할 수도 있고, 정해진 시간이 지나면 다른 친구를 만나 이야기를 나눕니다. 또 전체 인원 수가 홀수인 경우에는 하나의 시간에 3명이 모이게 할 수 있으니 사전에 학급의 인원이나 상황에 맞게 변형해도 됩니다.

학급에서 간혹 먼저 다가가 시계 친구를 만나는 활동에 수줍어하거나 잘 어울리지 못하는 경우가 있습니다. 그럴 때는 교사가 중간에 살짝 들어가거나 반에서 활발한 학생에게 '수호 천사' 같은 역할을 주고 먼저 다가가게 해서 분위기를 만들어 주면 좋습니다.

수업 준비 시간이 오래 걸리지 않을까요?

러닝 퍼실리테이션을 수업에 적용해 보고 싶어요. 그런데 요즘 너무 바빠서 당장 적용하기에는 어려울 거 같아요. 수업 준비하는 데 시간이 너무 오래 걸릴 거 같아서요. 여유가 되면 그때 조금 더 연구해 보고 적용하겠습니다.

이런 고민은 자연스럽습니다. 하지만 반가운 소식은, 러닝 퍼실리테이션은 생각보다 훨씬 쉽게 시작할 수 있다는 점입니다.

이미 협동학습이나 PBL Problem-Based Learning 같은 학생 참여형 수업을 해본 교사들은 비교적 쉽게 시작할 수 있습니다. 기존 학습자료와 동료 학습 조직을 활용할 수 있기 때문이죠. 반면 강의식 수업에 익숙한 교사들은 더 부담을 느낄 수 있습니다. 특히 다년간의 노하우가 쌓인 수업 자료가 있다면 더욱 그럴 것입니다.

하지만 현직 교사라면 누구나 지금 가진 역량으로도 충분히 러닝 퍼실리테이션을 시작할 수 있습니다. 처음에는 간단하게 시작하시고 점차 다양한 활동을 추가하면 됩니다. 마치 햄버거가 기본 재료만 있으면 빠르게 만들 수 있고 토핑을 추가하며 발전시킬 수 있는 것처럼, 러닝 퍼실리테이션도 기본을 이해하면 오히려 수업 준비가 더 수월해집니다. 교수 내용에 맞는 활동 선정이 빨라지고, 수업 설계도 능숙해지기 때문이죠.

간단하게 말씀드리면 러닝 퍼실리테이션을 시작하기 위해 필요한 것은 아래 세 가지뿐입니다.

위 세 가지 요소를 중심으로 필자가 진행한 수업을 참관해 보시겠습니다. 중학교 1학년 대상, '금속 탐지기' 1차시 수업이었습니다.

수업 구성

학습 설계는 '질문 만들기'에 주안점을 두었고요. 동료상호작용은 '4인 모둠'으로 앞, 뒤 앉은 학생으로 꾸리면 됩니다. 학습자료로는 학생들이 질문을 적을 수 있는 적을 수 있는 '종이'만 준비하면 됩니다. 학생들에게 노트가 있다면 준비할 건 아무것도 없습니다.

수업 진행

먼저 학생들이 자유롭게 질문을 만들어 보도록 합니다. 이 수업은 처음 만난 학생들과도 할 수 있습니다. 처음 만난 학생들이니 당연히 학생 이름도 모르고 동료 학습 조직도 구성되어 있지 않습니다. 그럼에도 꽤 훌륭하게 진행됩니다. 좀 더 자세하게 함께 살펴볼까요?

오늘은 배울 주제는 '금속 탐지기'에요.

각자 금속 탐지기를 생각하며 연상되는 질문을 만들어 볼까요??

나눠준 A4 종이를 반으로 접어요. 접은 면에 질문을 적어봅시다.

각자 질문 3개 이상씩 만들어봐요.

빵: 교수활동 소개
토핑 1: 질문 만들기
토핑 2: 질문 모으기
패티: 강의

간단히 주제와 활동에 대해 알려주며 수업을 시작했습니다. 첫 번째 토핑으로 질문 만들기를 했고, 두 번째는 반 전체 질문을 모았습니다. 질문 모으기를 하고 패티로 짧은 강의를 했습니다. 다음은 어느 중학교 학생들에게서 나온 질문입니다.

중1 학생들이 만든 '금속 탐지기'에 대해 만든 질문

1. 어떤 원리로 금속을 탐지하는 걸까?
2. 금속 탐지기를 어떻게 만들까?
3. 금속 탐지기는 어떨 때 사용하는 걸까?
4. 진짜 금속을 어떻게 찾을까?
5. 진짜 금속과 가짜 금속을 어떻게 구분할까?
6. 금속 탐지기를 누가 만들었을까?
7. 금속이랑 탐지기는 어떤 관계일까?
8. 탐지기는 무엇일까?
9. 금속은 무엇일까?
10. 최대 몇 미터의 금속을 탐지할 수 있을까?
11. 금속 탐지기는 어떤 유익한 점이 있을까?
12. 실제로 금속 탐지기를 사용하여 돈 버는 사람이 있을까?
13. 실제 금속 탐지기 가격은?
14. 금속 탐지기는 금속이 아닌 것도 탐지할 수 있을까?

15. 금속 탐지기 말고 다른 탐지기도 있을까?
16. 무슨 종류의 금속을 탐지할 수 있을까?
17. 최대 몇 개의 금속을 탐지할 수 있을까?

이전의 금속 탐지기 수업은 준비된 강의, 금속 탐지기 이론을 전달하기에도 바빴습니다. '질문 만들기' 활동을 한 후 수업의 가장 큰 변화는 무엇일까요?

먼저 학생들이 강의에 더 집중하는 모습을 발견할 수 있었습니다. 예전 강의 전달식 수업에서 금속 탐지기가 학생들의 삶과 관련 없는 주제로 느껴졌다면, '질문 만들기'를 한 후에는 직접 만든 질문이 담긴 의미 있는 주제가 되었기 때문입니다. 학생들은 질문 만들기 이후 강의 속에서 자신들이 만든 질문의 답을 찾으려 했습니다. 그러니 집중도가 높아질 수밖에 없었습니다.

수업 전반적으로 학생들의 능동성이 향상되었습니다. 그전에는 학생들이 수동적으로 교사의 지시만 기다리는 모습이 일반적이었는데, 질문 만들기 수업에서 학생들은 적극적으로 과제를 마무리하고, 다른 학생을 도와주며 수업의 조력자 역할을 자발적으로 해주었어요.

결과적으로 제 수업이 개선되었습니다. 학생들이 만든 질문을 보고 스스로 반성하게 되었습니다. 생각해 보니 이전에 해오던 저의 수업은 학습자의 흥미와 관심이 아니라 배워야 하는 내용만 있는 수업이었습니다. 반면, 학생들의 질문을 반영하는 수업을 하니 공감력이 채워진 수업으로 개선할 수 있었습니다. 결과적으로 이전보다 강의에 할애하는 시간은 1/3로 줄었지만, 강의의 질은 더 높아졌습니다.

토핑 추가

'질문 만들기' 활동에 능숙해지면 다른 토핑을 추가해 볼 수 있습니다. 이 수업에서 활용한 토핑으로는 '관심 질문 답 찾기', '질문 분류하기', '내가 상상한 금속 탐지기 그려보기' 등이 있습니다. 앞에서 제시한 질문 매트릭스로 '질문 정교화하기'를 시도해 보았지요. 토핑 추가로 수업의 변화를 주며 흥미 유발뿐 아니라 사고의 구조화, 문제 해결까지 연결 지어 활동할 수 있었습니다.

'관심질문 답 찾기'는 말 그대로 질문 중 하나를 골라 답을 찾아보는 활동으로, 4인 모둠보다 개별 또는 2인 활동이 더 좋습니다. 개인 관심사가 다르기 때문입니다. 시간과 여건이 된다면 '갤러리 워크'로 설계해도 좋을 것 같습니다. 그럼 또 이런 질문이 생깁니다.

Q. 학생들이 관심 질문 선택은 어떻게 하나요?

A. 자유롭게 합니다.

Q. 같은 질문을 선택하면 어쩌죠?

A. 같은 질문을 선택해도 좋습니다.

같은 질문을 선택해도 각자 관심이 다르기에 응답이 다릅니다. 학생들에게 가장 인기 있는 질문은 무엇일까요? 바로 '금속 탐지기는 얼마인가요?'이었습니다. 어떤 조는 가장 최고가의 금속 탐지기를 검색해서 정리하고, 어떤 조는 자신이 구입할 수 있는 보급형 금속 탐지기에 대해 검색합니다. 또 다른 조는 전체를 둘러보고 평균 가격을 알려줍니다. 같은 질문에서 다양한 응답이 나오는 것을 보고 학생들은 사고의 다양성을 경험합니다.

'질문 분류하기'는 모인 질문을 유형에 맞게 분류해 보는 활동입니다. 이 활동을 통해 질문 구조화 작업을 하며 지식 확장이 일어납니다. 다음은 학생들이 만든 질문을 분류해 본 예시입니다.

용어, 정의	금속이랑 탐지기는 어떤 관계일까? 탐지기는 무엇일까? 금속은 무엇일까?
원리	어떤 원리로 금속을 탐지하는 걸까? 진짜 금속을 어떻게 찾을까? 금속 탐지기를 어떻게 만들까? 진짜 금속과 가짜 금속을 어떻게 구분할까?
기능	최대 몇 미터의 금속을 탐지할 수 있을까? 무슨 종류의 금속을 탐지할 수 있을까? 최대 몇 개의 금속을 탐지할 수 있을까?
활용	금속 탐지기를 어떨 때 사용하는 걸까? 금속 탐지기는 어떤 유익한 점이 있을까? 금속 탐지기는 금속이 아닌 것도 탐지할 수 있을까? 실제 금속 탐지기 가격은? 실제로 금속 탐지기를 사용하여 돈 버는 사람이 있을까? 금속 탐지기 말고 다른 탐지기도 있을까?
역사	금속 탐지기는 누가 만들었을까?

여기에서 교과서 내용 체계와 '비교하기', 교과서를 보며 '질문의 답 찾기' 등을 할 수 있습니다.

러닝 퍼실리테이션 수업은 생각보다 쉽게 시도해 볼 수 있고, 또 쉽게 변형해 볼 수 있습니다. 다양한 토핑을 추가하거나 뺄 수 있습니다.

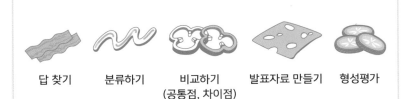

| 답 찾기 | 분류하기 | 비교하기
(공통점, 차이점) | 발표자료 만들기 | 형성평가 |

러닝 퍼실리테이션이 익숙해지면 수업 준비가 도리어 더 쉽게 느껴집니다. 햄버거가 재료만 준비되면 신속하게 음식을 만들어 내는 패스트푸드인것처럼, 러닝 퍼실리테이션에 대한 이해가 수반된다면 교수 내용에 적합한 교수활동 선정이 빨라지고, 수업 설계도 능숙해지기 때문입니다.

가장 중요한 것은 첫발을 내딛는 것입니다. 작은 변화부터 시작해 보세요. 그 변화가 쌓여 더 풍성한 수업으로 발전할 것입니다.

학생들이 적극적으로 참여하게 하려면
어떻게 해야 할까요?

러닝 퍼실리테이션은 동료상호학습이 중요하다고 알고 있습니다. 그런데 우리 반 학생들은 모둠활동을 싫어합니다. 협동학습을 중요하게 생각해서 수업에서 자주 활용하려 하는데, 늘 이런 상황이 생기니 저도 모르게 모둠활동을 피하게 되더라고요. – 초등 교사

중학생 아이들은 모둠활동에 적극적으로 참여하지를 않습니다. 무임승차하는 아이들이 눈에 띄니 왠지 공정하지 않은 것 같고, 러닝 퍼실리테이션할 때도 같은 모습이 보이면 어쩌나 걱정이 됩니다. 러닝 퍼실리테이션 동료상호학습 할 때 방법이 있나요? – 중등교사

'학생들이 잘 참여할까?'

이 고민은 러닝 퍼실리테이션을 시도하려는 많은 교사가 공통으

로 느끼는 것입니다. 학생의 주도성은 러닝 퍼실리테이션의 핵심 동력이기 때문에, 마치 멋진 무대를 준비해 놓고 주인공이 나타나지 않을까 걱정되는 것처럼 불안할 수 있습니다. 교사는 어떻게 학생들의 참여를 끌어내서 학습을 촉진할 수 있을까요? 간단하지만 효과적인 수업전략 'TPS'를 소개해 드리겠습니다.

T P S Think-Pair-Share :
혼자 생각하고, 둘이 나누고, 모둠으로 나누기

과제가 주어지면 먼저 학생들은 5분 동안 혼자, 스스로 생각해 봅니다. 다음 2인 1조로 토론하며 생각을 공유하고 피드백을 주고받습니다. 그 후 4명이 함께 나눕니다. 여기서 포인트는 '먼저', '혼자' 생각해 보게 하는 것입니다. 어떤 아이에게는 동료상호학습이 불편할 수 있습니다. 어떤 학생은 즉각적인 대답이 어렵습니다. 자기 생각을 정리하는 데 시간이 더 많이 필요한 아이들이 있기 때문입니다. 내향적이어서 그럴 수 있고, 더 잘 대답하고 싶어 그럴 수 있습니다. 어떤 학생은 동료상호학습의 필요성을 못 느낄 수 있습니다. 혼자 공부하는 게 편하고 효율적이라고 생각하는 것이지요. 어떻게 해야 할까요?

다시 '금속 탐지기 질문 만들기' 수업으로 돌아가 볼게요. 러닝 퍼실리테이션에서는 먼저 혼자 생각해 볼 시간을 줍니다. 금속 탐지기에 관한 질문을 혼자 만들어 보게 하고, 생각을 정리할 시간을 주는 거죠. 자신의 목소리를 내기 위해서 시간이 필요한 학생들이 있기 때문입니다. 혼자 질문을 만들어 본 후 옆 친구와 각자 만든 질문을 공유합니다. 학생들은 친구의 질문을 보며 자기 생각에 자신감이 생깁니다. 겹치는 질문을 발견하면 생각이 비슷하다는 것을 확인해서 안심하고, 다른 질문이 있으면 자신이 신선한 아이디어를 생각해 낸 것에 뿌듯해합니다.

그다음에 앞뒤 친구들이 4인 모둠을 만들어 모둠별로 질문을 정리합니다. 모둠별 질문이 정리가 되었다면, 모둠에서 1명씩 나와 모둠에서 정리한 질문을 교사 컴퓨터에 기록하고 발표합니다. 이때 뒤에 발표하는 모둠은 앞 모둠 발표에 집중해서 들어야 합니다. 왜냐면 앞 모둠과 겹치지 않는 질문을 나와서 적어야 하기 때문입니다. 이 활동에서 사고의 흐름이 1명 → 2명 → 4명 → 반 전체로 이어지는 것이 그려지십니까?

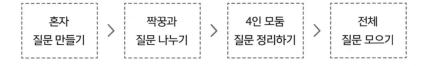

내 생각이 짝꿍과 공유되고 모둠에서 1차 정리됩니다. 전체 모둠의 질문이 다 모여지면서 학생들은 생각하고, 말하고, 듣고, 정리하고, 비교하는 과정을 거치게 됩니다. 이제 더 이상 나만의 질문이 아니라 우리들의 질문으로 거듭나게 되지요. 이렇게 반 전체의 질문을 모으다 보면 뒷 조는 '발표할 질문이 없지 않을까?' 하는 상황을 걱정하는데 아직 한 번도 그런 적이 없습니다. 발표할 것이 없다고 하면 찾아가서 살펴봐 주세요. 그리고 학생들의 기발함을 발견해 주십시오. 그것을 교사가 발견해 줄 때, 학생들은 더 뿌듯해하며 자신 있게 수업에 참여합니다. 질문을 모두 정리하고 나서 학생들에게 다음과 같이 이야기 해주었습니다.

여러분이 만든 질문들이에요. 여러분들이 보기에는 어떤가요?

맞아요. 다양한 질문들이 나왔어요. 선생님도 생각하지 못한 질문이 보이네요. 선생님이 만든 질문은 3개였는데, 우리 반 친구들의 의견들이 모이니 어떤가요? 마치 금속 탐지기 연구실 전문연구원들의 질문 같아요. 다음은 ChatGPT가 만든 질문들이에요. 한번 비교해 보세요.

Chat GPT 가 '금속 탐지기'에 대해 만든 질문

1. 금속 탐지기는 어떻게 동작하나요?
2. 금속 탐지기는 어떤 원리를 기반으로 동작하며, 어떤 종류가 있나요?
3. 금속 탐지기를 사용하여 어떤 종류의 금속을 감지할 수 있나요?
4. 금속 탐지기가 실생활에서 어떻게 활용되고 있나요?
5. 금속 탐지기의 작동 원리와 감지 능력을 향상하기 위한 최근 연구나 기술적인 개선 사항은 무엇인가요?
6. 금속 탐지기의 역사적인 배경은 어떻게 되나요?

비슷한 질문도 보이고 학생들의 질문이 더 창의적인 것도 있습니다. 중학교 1학년 20명 남짓의 아이들이 만들어 낸 질문이 빅데이터를 모아서 인공지능이 만든 질문과 비교해도 손색없지요? 여기까지 보여주고 모든 학생에게 칭찬을 한가득 해줍니다. 심지어 훨씬 더 기발한 것들도 있습니다.

"금속 탐지기 말고 플라스틱 탐지기는 없나요?"

왜 이 학생은 이런 질문을 하게 되었을까요? 이 학생은 평소에 플라스틱 쓰레기로 인한 환경오염에 대한 문제의식이 있었기 때문입니다. 금속 탐지기에서 출발해 환경문제로 통합하여 사고가 확장된 것입니다. 그다음 토핑으로 '관심 질문의 답 찾기' 활동을 했는데, 다른 친구가 이 질문을 선택하여 외국 사이트에 있는 '플라스틱 탐지기'를 찾아

냈습니다. 이렇게 동료상호학습의 놀라움을 경험하고 나면 학생들의 태도는 자연스럽게 달라집니다.

학습의 첫 단계가 중요하다

"각자 금속 탐지기를 생각하며 연상되는 질문을 만들어 볼까요?"

선생님이 이렇게 지시하면 학생들은 어떻게 반응할까요? 학생들은 온몸으로 '귀찮다', '지루하다', '모르겠다'를 표현합니다. 교사는 학생들의 이런 반응을 금세 알아챌 수 있습니다. 그때 교사는 어떻게 반응할 수 있을까요?

『학습의 차원』의 1차원 기억하십니까? 바로 태도 attitudes 와 인식 perceptions 입니다. 학습을 위해서는 긍정적인 태도와 인식이 조성되어야 합니다. 그리고 학생들의 참여를 끌어내는 데 가장 중요한 것은 첫 단계에서 교사의 태도입니다.

저는 질문을 만들기 시작하는 학생들이 주저하고 있을 때 다음의 이야기를 해주곤 합니다.

"여러분, 질문에는 '맞는 질문'과 '틀린 질문'이 없어요. '좋은 질문' 과 '나쁜 질문'도 없죠. 모든 질문은 평등합니다."

"과학의 출발점은 '질문'입니다. 여러분이 살아갈 미래는 답을 아는 사람보다 질문을 만드는 사람이 더 중요한 시대가 될 거예요. 답은 AI 가 찾아줄 수 있지만, 질문은 여러분만이 할 수 있으니까요."

"만약 여러분이 어디에서도 답을 찾을 수 없는 질문을 만들었다면, 그것은 연구 주제가 됩니다. 새로운 사업 아이템이 될 수도 있어요. 혹시 여러분이 연구자가 되어 답이 없는 질문의 답을 찾았다면, 바로 노벨상 받는 것입니다."

"혹시 질문이 생각 안 난다면 한번 상상해 보세요! 만약 내가 금속 탐지기 '연구자'라면, '사업가'라면, '개발자'라면 어떤 질문을 할까? 내가 금속 탐지기를 사려는 '소비자'라면 어떨까? 자신의 역할을 상상하며 질문을 만들어 보아요. 우리의 질문들의 답을 하나씩 찾아 영상으로 담으면 유튜버가 되는 거예요."

'모든 질문은 평등해요'라는 말을 듣고, 학생들의 표정은 편안해집니다. 과학에서 '질문'이 어떤 위치에 있는지 들으면서 활동의 이유와

의미를 찾게 됩니다. 마지막으로 마음껏 상상해 볼 수 있도록 사고를 열어주면 학생들이 자기 질문을 만들어 내기 시작합니다. 교실 맨 뒷자리에 삐딱하게 앉아 있던 중학생 남자아이들도 학습에 참여합니다. 이렇게 열어줄 때가 있으면 닫아줄 때도 있습니다.

모둠에서 '질문 정리하기'를 한 후 반 전체 '질문 모으기'를 할 때는 항상 주의가 필요합니다. '질문 모으기'를 할 때 모둠 대표가 나와 모둠에서 만들어진 질문을 컴퓨터에 입력합니다. 반 아이들을 어떤 질문을 적는지 집중하여 봅니다. 다음에 나올 모둠은 앞 모둠과 겹치지 않는 질문으로 올려야 하기 때문입니다.

"모둠 중 한 명이 나와주세요."
"선생님이 화면에 PPT를 띄워두었어요."
"한 명이 나와서 모둠에서 정리한 질문들을 기록해 주세요."
"다른 모둠들은 잘 지켜보세요. 앞에 모둠과 겹치지 않는 질문을 올려야 합니다."

내가 입력하는 내용을 모두 지켜본다는 것은 긴장되는 일입니다. 오타가 나올 때도 있고, 맞춤법이 틀릴 때도 있습니다. 그럴 때면 어김없이 짓궂은 친구들로부터 비난의 말이 쏟아져 나옵니다. 그럴 때는 교사가 단호하게 경계를 그어줘 선을 넘지 못하게 닫아야 합니다.

"비난의 말은 그만! 우리는 수업 속에서 선생님의 말을 통해서만 배우는 게 아니에요. 여러분의 말과 행동을 통해서도 배움이 일어납니다. 인정과 격려, 칭찬의 언어 부탁해요."

교사의 짧은 몇 마디가 학생들의 학습 태도와 과제 인식에 어떤 영향을 주었을까요? 교사가 교실은 학습하기 안전한 공간임을 선언하고, 테두리를 분명히 그어주면 학생들은 그 공간에 머물러 학습에 몰입합니다. 경계가 있는 자유를 누리는 것입니다.

학습분위기와 학습과제

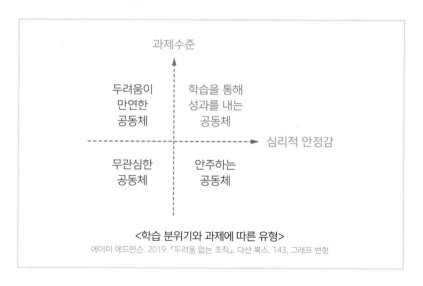

<학습 분위기와 과제에 따른 유형>
에이미 에드먼슨. 2019. 『두려움 없는 조직』. 다산 북스. 143. 그래프 변형

학생들이 학습에 몰입하지 못한다면 2가지를 체크합니다. 바로 학습 분위기와 학습 과제입니다. 학습 분위기가 잘 잡혔는데도 몰입이 안된다면 학습과제를 점검해야 합니다. 학습과제 수준과 내용이 적절한지, 학습 과제에 대한 안내가 잘 되었는지 살핍니다.

『두려움 없는 조직』에서는 '학습을 통해 성과를 내는 공동체'는 심리적 안정감과 과제 수준이 높아야 한다고 이야기합니다. 과제 수준은 적절하지만 심리적 안정감이 낮다면 두려움이 만연한 공동체가 됩니다. 안정감은 있지만 과제 수준이 낮으면 안주하는 공동체 되고, 둘 다 낮으면 무관심한 공동체가 된다고 합니다. 교실에서도 그렇습니다. 심리적 학습 분위기가 조성되고, 도전할 수 있는 학습 과제가 주어졌을 때, 동료상호학습을 통해 성장하는 공동체가 됩니다.

학생 학습 참여를 높이는 체크 리스트
학습 분위기
- 학생들은 교사와 친구들이 자신을 존중하고 있다고 생각한다.
- 교실 안에서 학생들이 안정감을 느낀다.
- 교실의 질서가 잘 세워져 있고, 학생들은 학급 규칙을 잘 숙지하고 있다.
- 학생들은 친구들과 협력하는 것이 학습에 도움이 된다고 생각한다.

학교도 학생들이 학습 분위기와 학습 과제에 대한 긍정적인 인식과 태도를 가지게 해야 합니다. 이와 관련하여 『학습의 차원』에 마음을 울리는 제안이 있어 소개해 봅니다.

학습 분위기
1. 교사와 친구들이 자신을 인정받는다고 느끼게 하라.
2. 안정감과 질서를 경험하도록 하라.

학습 과제
1. 가치와 흥미가 있는 과제로 느끼게 하라.
2. 학생들에게 과제를 수행할 수 있는 자원과 가능성이 있음을
   깨닫도록 하라.
3. 과제를 명확히 이해하도록 도와라.

이러한 요소들이 잘 갖춰지면, 처음에는 참여를 꺼리던 학생들도 점차 적극적으로 수업에 참여하게 됩니다. 중요한 것은 모든 학생이 자신의 의견을 자유롭게 표현할 수 있고 그로 인한 불이익이 없다는 믿음을 주는 것입니다.

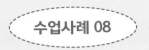

과학자의 눈으로 세상 읽기
: 헤드라인 문장 만들기

#과학 #자료 조사하기 #헤드라인 만들기 #햄버거 모델

빵: 수업 안내하기

패티: 조사과정 모델링하기

토핑: 조사하기

소스: 이해도 평가

빵: 피드백 및 정리

햄버거 모델 구성		
🍞 빵	수업 안내하기	선생님의 온천 여행 경험 이야기 들려주기
패티	조사과정 모델링하기	조사 주제 안내하기: '화산 활동이 주는 피해 사례와 이로운 사례' 조사의 조건 5가지 설명하고 과정 보여주기 (모델링)
토핑	조사하기	실제 각자 조사하고 정리하기 조사한 내용 모둠별로 공유하기 자신의 내용 수정, 보완하기

행버거 모델 구성		
소스	이해도 평가	조사한 내용을 하나의 헤드라인 문장으로 만들기
빵	피드백 및 정리	헤드라인 문장을 보고 피드백하기 (추가 자료 등 안내)

4학년이 되면 사회나 과학 교과에서 하나의 주제에 관해 자료를 조사하는 활동이 많습니다. 우리 지역의 중심지를 직접 방문해서 조사하거나, 문화유산이나 유적지에 대한 정보를 정리하는 내용이 있고, 과학에서도 사전 배경지식을 찾거나, 과학과 생활을 연계하는 수업에서 조사하는 과정을 포함하는 경우가 있습니다.

이번에 아이들과 했던 과학 수업도 화산 활동이 일어나는 원인을 배우고 실험하며, 화산 활동이 우리 생활에 어떤 영향을 주는지와 관련해 '화산 활동이 주는 피해 사례와 이로운 사례'를 조사하는 내용이 있었습니다. 물론 수업 시간에 할 수도 있고, 미리 숙제를 줄 수도 있습니다. 하지만 조사하기 숙제를 내 본 결과, 단순히 포털 사이트의 묻고 답하기 코너를 이용하여 찾은 내용을 검증 없이 그대로 가져온 아이도 있고, 교과서에 있는 내용만 적어 온 경우도 있었습니다. 앞으로도 조사하는 활동이 많기에 조사하기 자체를 수업의 주제로 삼고, 이번 수업을 통해 조사하는 방법을 배우고 익히길 바라며 러닝 퍼실리테이션 수업을 준비했습니다.

 빵: 수업 안내하기

아이들에게 선생님의 온천에 관한 여행 이야기를 들려주며 수업의 문을 열었는데요. 아이들은 부모님을 모시고 온양온천에 다녀온 제 이야기에 눈빛이 반짝거렸습니다.

이야기가 끝나고 여행했던 지역의 온천 사진을 보여주며 "여러분, 온천은 어떻게 생겼을까요?"라는 질문을 던졌습니다. 사진을 통해 아이들은 관찰하고, 생각한 것을 말하고, 궁금한 점을 끌어내며 화산 활동의 결과와 활용, 관광 산업으로 생각을 뻗어갑니다.

 패티: 조사과정 모델링하기

이어서 "그럼 화산 활동이 좋은 영향만 주는 것일까요?"라고 물으며 반대 경우를 생각할 수 있는 질문을 던져보았습니다. 더불어 우리가 조사할 내용을 설명하고, 조사를 할 때 지켜야 하는 조건도 제시했습니다.

1. 화산 활동이 주는 피해 사례와 이로운 사례 등을 조사합니다.
2. 정보의 출처를 기록합니다.
3. 정보를 평가하며 신뢰할 수 있는 정확한 정보를 참고합니다.
4. 내가 이해할 수 있고 우리 반 친구들이 이해할 수 있는 쉬운 말로
   표현합니다.
5. 화산 활동이 우리에게 어떤 영향을 주는지, 왜 우리가 이런 조사를
   하는지 생각하며 조사합니다.

그러고 나서 교사가 직접 공신력 있는 과학 관련 사이트에 들어가서 조사하는 과정을 실제로 보여줍니다. 학교 태블릿을 대여해서 각자 학생들이 차근차근 단계를 밟아보게 했고 스스로 정리하게 했습니다. 조사 과정을 정확히 이해하도록 반복해야 했기에 연습용 조사 주제는 간단하게 제시하고, 대신 시간을 넉넉하게 주었습니다.

토핑: 조사하기

조사하는 방법을 익힌 후에 학생들은 본격적으로 '화산 활동이 주는 피해 사례와 이로운 사례'와 관련해 다양한 자료를 찾아 조사하기 시작했습니다. 시간이 부족한 친구들이 있어 집에서도 할 수 있게 했고 다음 날 A4 용지 2장 분량에 조사한 자료를 정리해서 왔습니다. 조사 자체만으로 끝나지 않고 모둠끼리 각자 조사한 내용을 발표했는데요. 친구의 발표를 들으며 자신에게는 없지만 친구에게는 있는 자료를 보완하고, 궁금한 점을 질문하는 시간을 가졌습니다. 출처가 정확하지 않은 내용을 알려주는 경우도 있고, 좋은 사이트 주소를 공유하는 모습도 보았습니다. 모둠별로 해결되지 않는 문제는 교사가 가서 도와주었습니다.

소스: 이해도 평가

혼자 자료를 조사하고, 모둠과 공유해서 보완한 다음, 전체 조사한 내용을 종합할 수 있는 정리 활동으로는 '헤드라인 문장 만들기'를 준비했습니다. 조사하는 것도 중요하지만 우리가 왜 이런 활동을 조사하는지 생각할 기회를 주기 위해서였지요. 헤드라인 활동은 신문기자가 기사를 쓸 때 가장 중심적인 내용을 하나의 문장으로 뽑는 것으로 생각하면 쉽습니다. 함축적이면서도 핵심을 간결하게 요약해야 해서 쉽지만은 않지요. 역시 아이들도 힘들기는 마찬가지였습니다. 여기저기서 머리를 쥐어짜며 끙끙대는 소리가 들렸습니다.

"우리가 화산 활동이 주는 이로운 사례와 피해 사례를 왜
조사했을지 생각해 보세요."

여전히 어리둥절해하는 아이들을 위해 한 번 더 물었습니다.

"조사를 통해 발견한 사실에서 여러분은 무엇을 이해할 수 있었나요?"

"화산 활동이 우리랑 관련이 없는 줄 알았는데 의외로 가까이에서
영향을 주고 있었어요."
"온천 지역이 있다면 과거에 화산 활동이 있었다고 예상할 수 있어요."

같이 이야기를 나누고 헤드라인을 다시 쓰기 시작했습니다. '화산 활동의 두 얼굴을 밝혀내다', '뜨거운 땅의 숨겨진 비밀: 우리나라 온천 지역을 찾아서' 등 헤드라인을 여러 개를 만들고 친구들과 협의하여 하나를 결정하도록 했지요. 아이들이 만든 헤드라인은 조사한 내용을 어떻게 종합하고 이

해하고 있는지를 파악할 수 있는 평가 자료로도 활용할 수 있습니다. 조사하는 과정 자체에서 기능적인 부분을 평가했다면, 여기에서는 이해하는 정도를 평가할 수 있는 거지요. 헤드라인 문장을 쓰고 나서는 다 같이 볼 수 있는 공간을 마련했습니다.

빵: 피드백 및 정리

　친구의 헤드라인에 감상 소감이나 질문을 적기도 하고, 교사인 저는 문장의 초점을 좁혀주거나 자료를 더 찾고 싶은 친구에게 도서관에 있는 화산 활동 관련 책을 추천해 주었습니다. 숙제로 내준 조사하기를 단지 확인하고 발표하는 것으로 끝나지 않고, 직접 조사하기를 연습하면서 제대로 조사하는 법을 알았다고 하는 아이들이 많았습니다. 나아가 다른 과목에서도 이를 활용하는 것을 볼 수 있었습니다. 또한 조사한 내용을 공유하고 다시 보완할 기회를 주는 것도 무척 중요한 과정이었습니다. 학생들이 무언가를 잘하도록 기대하기 전에 잘할 수 있도록 도와주는 것이 교사의 역할임을 다시금 느꼈습니다.

🍄 토핑 Tip !

조사하기 활동을 할 때 많은 학생이 인터넷 검색부터 떠올리는 경우가 많은데요. 초등학생의 경우 발달 단계상 실제 조사 주제와 관련된 일을 하는 분을 만나 인터뷰를 하거나, 현장에 방문해서 안내 자료나 지도 등을 자료로 수집하는 직접적인 조사 활동을 해보기를 권하고 싶습니다. 물론 무리하지 않는 상황에서 사전 약속을 정하고, 안전 수칙 등을 충분히 숙지한 상태에서 해야겠지요. 직접 가기 어려운 경우에는 학교나 지역 도서관에서 사서 선생님의 도움을 받아 관련 책을 찾아 자료를 정리해 보고 검증된 공식 사이트의 인터넷 자료와 비교해 볼 수도 있습니다.

책의 탄생 과정을 함께 걷다
: 편집자와의 만남과 갤러리 워크

#그래픽 노블 #편집자와의 만남 #처음 우주에 간 고양이, 피자를 맛보다 #갤러리 워크

빵: 그래픽 노블 읽기

토핑 1: 질문 만들기

소스: 관찰

패티: 편집자 강의

토핑 2: 갤러리 워크

소스: 관찰

빵: 소감 나누기

행버거 모델 구성		
빵	그래픽 노블 읽기	'처음 우주에 간 고양이, 피자를 맛보다' 그래픽 노블 읽기
토핑 1	질문 만들기	'처음 우주에 간 고양이, 피자를 맛보다' 그래픽 노블을 기획하고 제작한 편집자에게 궁금한 질문 만들기
소스	관찰	책의 내용과 연결하여 질문을 만드는지 학생들의 질문을 보며 평가하기

행버거 모델 구성		
패티	편집자 강의	한 권의 책이 만들어지기까지의 과정에 관한 이야기 듣기 궁금한 점 질문하고 답변 듣기
토핑 2	갤러리 워크	갤러리 워크로 편집자와의 만남에서 함께 할 활동 둘러보고, 하고 싶은 활동에 참여하기
소스	관찰	갤러리 워크와 갤러리 보트 활동에 적극적으로 참여하는지 관찰하기
빵	소감 나누기	'편집자와의 만남 – 갤러리 워크' 소감 나누기

초등학교는 학급마다 특색 활동이 있습니다. 담임 선생님들은 하나의 분야나 주제를 가지고 일 년 동안 반 아이들과 활동해 나가는데요. 생태에 관심 있는 선생님은 '기후 위기'를 주제로 프로젝트 활동을 진행하기도 하고, 'AI' 활용을 강조하는 분은 에듀테크를 익히는 수업을 구성합니다. 저는 '독서와 사고력'에 관심이 많아 책을 중심으로 학급 활동을 계획하면서 한 권의 책을 모두 같이 읽는 '온 책 읽기', '작가와의 만남', '몰입 독서' 등을 진행하고 있었습니다.

'이번에는 어떤 특색 활동을 아이들과 해볼까?' 하고 생각 중에 최근에 읽었던 국내에 출판된 재밌는 그래픽 노블 한 권이 떠올랐습니다. 바로 '처음 우주에 간 고양이, 피자를 맛보다'였지요. 관련 자료를 찾다가 이 책이 나오게 된 편집자의 이야기를 읽게 되었습니다. 동네 서점 주인과 우연히 저자인 맥 바넷 작가에 관한 이야기를 나누다가, 외국에서 출간되었지만 아직 한국에는 알려지지 않은 책이 있다는 걸 알고 작가에게 직접 연락하고 계약해서 출판했다는 내용이었습니다.

　　문득 학생들이 학교에서 작가를 만나는 기회는 종종 있지만, 편집자를 만나본 적은 거의 없다는 생각이 들었습니다. 사실 한 권의 책이 나오기까지는 작가뿐만 아니라 책을 기획하고, 디자인하고, 인쇄하고 제작하는 여러 사람의 손길이 필요합니다. 마침 국어 수업에서도 '만화'를 배우고 있어서 이번 기회가 그래픽 노블이라는 장르의 책이 나오는 과정을 배우기에 적절한 듯 싶었습니다. 그런 배경에서 국어와 창의적 체험활동의 수업을 묶은 '편집자와의 만남' 수업을 시작하였습니다.

<'처음 우주에 간 고양이, 피자를 맛보다' 표지>

　　우리 반 아이들에게 제 생각을 말하니 제일 먼저 "편집자가 무슨 일을

해요?"라고 묻습니다. 아이들 대부분이 편집자의 존재를 모르고 있었지요. 책의 판권지를 펼쳐 '편집'이라는 단어를 보여주며 설명을 해주었습니다. 아이들에게 편집자를 직접 만나면 어떨 것 같냐고 물었습니다.

"선생님, 저는 편집자는 한 번도 만나본 적이 없어요."
"학교로 오시는 거예요? 얼른 만나보고 싶어요."
"원래 영어책이었는데 어떻게 우리말로 나왔는지 궁금해요."

빵: 그래픽 노블 읽기

아이들은 준비해 둔 책을 읽기 시작했습니다.

토핑 1: 질문 만들기

편집자에게 궁금한 점을 질문으로 만들어 학급 패들렛에 올렸습니다. 다른 친구들의 질문을 읽을 수 있도록 3개 이상의 질문에 답을 달아서 의견을 교환했습니다.

소스: 관찰

교사는 학생들의 질문을 보면서 책 내용이나 책 만드는 과정을 어느 정도 이해하고 있는지 살펴보고 평가합니다. '편집'과 '번역'의 뜻을 혼동하는 경우 정확한 의미를 찾게 하고, 책의 내용보다는 책을 만드는 과정에 초점을 두도록 피드백을 줍니다.

학생들이 만든 질문들
- 어떻게 책을 만들게 되었나요?
- 왜 작가는 만화책으로 표현했나요?
- 책을 만들 때 무슨 생각을 하셨나요?
- 이 책은 어느 나라에서 처음 제작되었나요?
- 편집자 선생님이 만드신 책 중 무슨 책이 제일 재미있나요?
- 원작과 내용이 똑같나요?
- 이 책은 챕터가 몇 장까지 있나요?

그사이 저는 출판사에 연락해서 편집자를 섭외하고 수업의 큰 그림을 그리기 시작했습니다. 보통 학교에서 이루어지는 외부 강의는 강사가 1시간 정도 강의를 하고, 준비한 활동에 학생 전체가 참여하고, 질의응답 시간을 갖고 마치는 방식이 일반적입니다. 학생들의 관심사나 원하는 방식보다는 강사가 준비한 방향대로 이루어집니다.

학생들이 좀 더 적극적으로 참여하고, 배움의 중심이 되기 위해서는 학생들이 자신의 목소리를 내고, 선택할 기회를 주는 것이 중요합니다. 오시기로 한 편집자님에게 혹시 학생들이 준비하고 하고 싶은 활동을 정해서 해보는 게 가능한지 여쭤보았고, 편집자님께서는 흔쾌히 응해주셨습니다.

문득 러닝 퍼실리테이션 연수 때 경험했던 갤러리 워크가 떠올라서 이를 수업에 활용하기로 했습니다. 갤러리 워크는 마치 미술관에서 작품을 감

상하며 걷는 것처럼 강의장을 돌아다니며 각 조가 도출한 결과물을 살펴
보는 것을 말합니다. 짧은 시간에 다른 조의 의견을 살펴볼 수 있어 좋습니
다. 갤러리 워크는 보통 모둠의 토의 내용을 정리하여 발표하고 공유할 때
사용하는 전략이지만 이번에는 조금 변형해 보았습니다. 학생들이 하고 싶
은 활동을 선택할 기회로써 갤러리를 제공하고, 결과를 공유하는 데 목적
을 두었습니다.

토핑 2: 갤러리 워크

여름이 다가오는 어느 날, 본격적으로 학생들에게 수업의 계획을 설명
하고 '처음 우주에 간 고양이, 피자를 맛보다'를 읽고 편집자와 어떤 활동을
하고 싶은지 물었습니다. 선생님이 결정하고 준비한 활동을 따르는 것이 익
숙했던 학생들은 의아해했습니다.

"선생님, 정말 저희가 원하는 거 말해도 돼요?"
"그렇지. 바다에 가서 수영하는 거 이런 거 말고."

아이들이 웃었습니다. 물론 운동장에서 편집자와 1시간 동안 축구하
고 싶다고 말한 아이도 있었지요. 그렇게 할 수 있다면 좋았겠지만, 수업의
목적에 맞는 갤러리 활동의 기준을 정했습니다.

3

> – 책 내용 및 책 만드는 과정과 관련된 활동일 것
> – 30분에 할 수 있는 모두가 참여할 수 있는 수준의 활동
> – 다양한 결과가 나올 수 있는 활동

이 기준에 따라 머리를 맞대며 책을 읽고, 책과 관련된 자료를 조사하며, 아이들은 각자의 흥미와 관심사에 따라 3가지의 갤러리 활동을 준비했습니다. 생태 미술의 하나로 만들기와 그리기를 좋아하는 아이들은 그래픽 노블에 나오는 캐릭터로 나무 키링 만들기 아이디어를 냈고, 편집자가 일하는 출판사에 다른 책들도 있다는 걸 알고 학교 도서관에서 책을 찾은 아이들은 그 출판사의 책 읽는 코너를 한 켠에 마련했습니다. 인터넷에서 다음 2편이 나올 예정이라는 걸 검색한 아이들은 2편의 제목과 표지를 제작하고 싶다고 했습니다. 아이들은 각 갤러리 활동마다 예시 작품과 설명 안내문을 전시했습니다.

| 갤러리 1: 그래픽 노블 캐릭터 나무 키링 만들기 | 갤러리 2: 나무의 말 출판사 다른 책 읽기 | 갤러리 3: 곧 나올 2권 제목과 표지 상상하여 꾸미기 |

패티: 편집자 강의

이제 편집자의 강의를 듣는 시간입니다. 미리 책을 읽고 질문을 만들어 참여하니 강의에 아이들이 매우 집중해서 참여했고, 수업 중에 활발한 대화가 오고 갔습니다.

소스: 관찰

이어지는 갤러리 워크 활동에서도 전체가 똑같은 활동을 하는 것보다 훨씬 적극적이었습니다. 이처럼 학교 도서관 전체를 갤러리 삼아서 학생들은 각 갤러리를 거닐며 자연스럽게 다른 친구들의 작품을 살펴보고 아이디어를 교환했습니다. 편집자도 각 갤러리를 방문하여 학생들과 이야기를 나누고, 저와 함께 피드백을 주었습니다.

빵: 소감 나누기

수업의 마지막에는 각 갤러리에서 완성한 작품을 소개하고, 소감을 나누었습니다.

사실 제게 '갤러리 워크' 활동은 러닝 퍼실리테이션 연수에서 가장 인상적인 부분이었습니다. 매번 모둠별 활동을 하고 나서 갤러리 워크를 통해 다른 팀의 생각을 볼 수 있는 기회를 가졌습니다. 덕분에 나와 다른 생각이 있다는 걸 볼 수 있었고, 제 생각을 전개할 때 새로운 아이디어를 얻었습니다. 동시에 교사인 제가 그동안 학생들이 서로의 배움을 공유하는 시간을 주는 데 인색하지 않았나 생각하는 계기가 되었습니다.

러닝 퍼실리테이션을 활용한 '편집자와의 만남' 수업은 새로운 방식이라 설계하면서 과연 잘 될 수 있을까, 번잡해지는 건 아닐지 걱정했습니다. 실은 정해진 대로 강의를 듣고, 활동을 따라가면 달리 신경 쓸 게 없어 편안하기 때문입니다. 하지만 수업을 마치고 나니 시도해 보길 잘했다는 생각이 듭니다. 어떤 일이든 처음부터 잘할 수는 없지요. 시도해 보지 않았다면 제 수업의 어떤 점이 부족한지 알 수도 없었을 겁니다. 학생들에게 자신이 하고 싶은 것을 생각해서 스스로 선택지를 만들고, 선택할 기회를 주고, 친구와 배움을 공유할 수 있는 자리를 마련하는 것이 얼마나 중요한지 느꼈습니다.

다음에 다시 한다면 갤러리 워크를 할 시간을 더 여유롭게 주고, 갤러리 워크가 끝나고 다시 자신의 작품을 보완할 기회를 제공하며, 갤러기 워크와 함께 투표를 병행하는 갤러리 보트 Gallery Vote 도 같이 해보면 좋겠다는 생각이 듭니다. 서로를 통해 배우며 문제를 해결하고 성장하는 과정에서 학생들은 배움의 주인공이 됩니다. 배움의 무대 뒤에서 교사는 그 모습을 지켜보며 웃고, 또 함께 성장합니다.

🍄 토핑 Tip !

갤러리 워크가 다른 친구들의 활동을 짧은 시간에 볼 수 있는 방법이라면 갤러리 보트는 적극적으로 의견 교환과 리뷰 활동을 이끈다는 점에서 다릅니다. 예를 들어 갤러리 보트는 완성된 갤러리를 둘러보고 가장 공감이 되거나 마음에 드는 작품에 스티커로 투표하며, 왜 그렇게 생각하는지 이야기를 나눌 수도 있습니다. 투표의 기준도 학생들과 함께 만들어 보는 등 다양하게 활용할 수 있습니다.

학습해야 할 분량이 많을 때 러닝 퍼실리테이션을 활용할 수 있나요?

> 수업 시간은 한정되어 있고, 학습해야 할 분량은 많아요. 러닝 퍼실리테이션 수업은 시간이 아무래도 오래 걸리다 보니 하기가 어려워요. 짧은 시간, 많은 학습량을 학습할 수 있는 러닝 퍼실리테이션은 없을까요?

제한된 수업 시간 안에 학습 분량이 많고 지식 습득이 필수적이라면, 강의식 교육이 효과적인 선택일 수 있습니다. 하지만 그럼에도 학습자 중심, 동료 간 상호작용 중심, 문제 해결 중심의 수업 방식을 도입할 가능성을 고민해 보길 권합니다. 원래 러닝 퍼실리테이션은 충분한 시간을 확보하는 것을 추천하며, 1~2시간과 같은 짧은 시간에는 강의식 교육이 더 적합하다는 의견이 많습니다. 그러나 현실적으로 학교 현장에서 긴 수업 시간을 확보하는 것은 쉽지 않습니다.

그럼에도 실제 수업에서 러닝 퍼실리테이션을 활용해 본 결과, 짧은 수업 시간도 큰 장애가 되지 않았습니다. 러닝 퍼실리테이션은 한 차시 안에 마무리되도록 설계할 수도 있고, 여러 차시에 걸쳐 진행할 수도 있기 때문입니다.

다만 학습 분량이 많을 때 러닝 퍼실리테이션을 적용하는 것은 여전히 큰 도전입니다. 일부 교사들은 플립 러닝 Flipped Learning 을 활용하기도 하지만, 이 방식 역시 수업 시간 외에 강의를 듣는 시간과 영상 제작을 위한 노력이 필요합니다. 그렇다면 기존 수업 시간 안에서 좀 더 간편하게 러닝 퍼실리테이션을 적용할 수 있는 방법은 없을까요?

이 문제를 해결하기 위해 읽기 전략을 활용한 러닝 퍼실리테이션 방법인 'RRR Read, Reflect, Respond '을 소개합니다. 학교 수업에서 교과 내용을 가장 잘 정리해 놓은 자료는 바로 교과서입니다. RRR은 교과서를 읽기 전략으로 활용하여 동료 학습을 통해 학습 내용을 효과적으로 익히는 방법입니다. 이를 통해 러닝 퍼실리테이션을 부담 없이 수업에 적용할 수 있습니다.

RRR Read-Repeat-Remind, 3R : 교과서 3번 읽기

교과서
3번 읽기

짝 활동
(2인 활동)

활동지,
진단평가

이 방법은 교과서를 체계적으로 학습하는 전략입니다. 2인 1조로 진행하며, 교사는 활동지와 진단평가지를 준비합니다. 평가지는 학생들이 낸 질문으로 대체해도 좋습니다. 읽기 전략을 활용한 활동으로 학생들은 자신의 선지식과 교과지식을 연결하고 앞으로 배울 학습을 준비합니다. 교사는 진단평가를 통해 학생들의 상황을 파악해 앞으로 강의 수준과 방향을 정할 수 있습니다.

훑어보기(Read)	훑어보고 질문 만들기
1. 지문을 빠르게 읽기: 제목, 소제목, 주요 단락, 그림, 표 등을 살피며 내용을 파악하기	
2. 질문 만들기: 제목을 질문으로 바꾸기, 교과서에서 진한 글자를 묻는 질문 만들기	

읽기(Repeat)	읽고 질문에 답하기
1. 짝꿍과 번갈아 가며 소리 내서 읽기	
2. 짝꿍과 각자 만들어 둔 질문에 책을 보지 않고 답해 보기	

다시 읽기(Remind)	다시 읽으며 확인하기
1. 다시 읽으며 답이 맞는지 확인하기	
2. 진단평가를 실시해 현재 수준을 확인하기	

학생들은 교과서를 세 번 반복해서 읽게 됩니다. 책을 반복해서 읽는 것 자체는 공부에 효과가 있지 않습니다. 단순히 내가 아는 것만 확인하고 넘어갈 수 있기 때문입니다. 그러나 읽기 전략을 활용하고, 짝 활동으로 읽으면 학습 효과가 다릅니다. 먼저 교과서를 훑으며 전체 맥락을 살피고 교과서의 그림을 보게 됩니다. 그림을 인식하며 함께 글을 읽으면 '이중부호화'로 기억에 더 오래 남습니다. 학생들이 스스로 질문을 만들고 답을 찾으며 의미 부여가 되고, 또 답을 생각하고 퀴즈를 풀며 '인출 효과'가 일어납니다. 짝꿍과 상호작용에서 서로 가르쳐 주며 '생성 효과'를 기대할 수 있습니다.

교과서 3번 읽기는 마지막 차시에 복습으로 활용할 수도 있습니다. 그때는 '질문 만들기'에 '왜? 어떻게?'를 붙여 질문을 만들도록 합니다. 이는 복습할 때 유용한 '정교화 질문' 전략입니다.[*]

읽기 전략으로 다음 표에서 제시한 다른 기법을 사용해도 좋습니다. 교사가 직접 변형해서 만들 수도 있습니다. 관련 연구를 살펴보면 읽기 전략 간에 특별히 우열이 있지는 않다고 합니다. 다만 읽기 전략을 활용할 때와 읽기 전략을 활용하지 않을 때를 비교하면, 읽기 전략이 있는 것이 더 효과적입니다.

[*] 학습에 활용할 수 있는 다양한 전략들은 www.learningscientists.org에 소개되어 있습니다.

설명하기보다 더 빠르게 더 많은 내용을 소화할 수 있는 읽기 전략을 통해 학습분량과 러닝 퍼실리테이션의 조화를 만들어 낼 수 있답니다. 이 책을 읽는 선생님께서 이미 가지고 계신 공감력, 조망력, 질문력, 성찰력을 사용하신다면 이보다 더 좋은 방법들을 충분히 찾아내실거라 믿습니다.

읽기 전략과 관련된 이론과 모델

이중부호화 이론 (Dual coding)	글(언어 정보)와 그림(비언어 정보)을 동시에 볼 때, 두 가지 정보가 동시에 처리되며 정확히 이해할 수 있다.
생성효과 (Generation Effect)	학습자가 직접 지식을 재구성하고 생성하면 학습효과가 높아진다. 눈으로 읽는 것보다 소리 내서 읽는 것이 훨씬 효과적이다.
인출효과 (Testing Effect)	시험 효과라 불리기도 하는데, 학습한 내용을 반복해서 인출하는 과정이 학습 효과를 높이는 현상을 말한다.
정교화 질문 (Elaborative Interrogation)	'왜?'라고 스스로 물으면서 답을 궁리한 아이들이 남의 설명을 듣기만 한 아이들보다 정보를 더 많이 기억한다.

[러닝 퍼실리테이션 진단평가]   /10문제

저희가 지금까지 이 책을 읽고 얼마나 책 내용을 기억하고 있는지
확인해보겠습니다. 아래에 문제를 읽고 답해보세요.

1. 이 책의 제목은 무엇인가요?

　　ㄱㄹㅊㅈ ㅁㄱ ㅂㅇㄱ ㅎㄹ　ㅎㄱㅍ

2. 러닝 퍼실리테이션의 학습 설계를 위한 4가지 핵심능력은 무엇인가요?

　　ㄱㄱㄹ, ㅈㅁㄹ, ㅈㅁㄹ, ㅅㅊㄹ

3. 러닝 퍼실리테이션 학습 설계 모델 이름은 무엇인가요?

　　ㅎㅂㄱ ㅁㄷ

4. 러닝 퍼실리테이션에서 주로 어떤 평가를 합니까?

　　ㅅㅎㅍㄱ

5~10. 아래 모델에서 빈칸을 채우세요.

학생들이 스스로 배운다면 수업 속 교사의 역할은
무엇일까요?

교사는 교실에서 어떤 역할을 해야 하나요? 러닝 퍼실리테이션의 교사 역
할이 촉진자가 되어야 한다는 것은 이미 알고 있지만 이를 실천하려다 보면
간혹 수업을 안내하는 진행자가 되어 버리는 경우가 있습니다.

어떤 퍼실리테이터는 학습자로부터 '강의 시간 동안 푹 쉬어서 좋
겠다(?)'는 말을 들은 적이 있다고 합니다. 농담처럼 들릴 수 있지만, 러
닝 퍼실리테이션 수업을 그렇게 오해할 수도 있습니다. 과연 러닝 퍼
실리테이션 수업 중에 교사는 어떤 역할을 할까요?

교사는 교실에서 학생들의 학습을 촉진하는 핵심적인 역할을 맡
고 있습니다. 학생 중심 수업에서 교사는 단순히 수업을 진행하는 사

람이 아니라, 학생들이 학습 목표를 달성하도록 돕는 학습 촉진자로서의 역할을 수행합니다. 이 과정에서 교사는 학생들의 학습 과정을 관찰하고, 필요한 피드백을 제공하며, 각자의 학습 여정을 지원합니다.

피드백은 학습자가 개선할 수 있도록 정보를 제공하는 중요한 도구입니다. 교육에서 피드백이 중요하다는 사실은 널리 알려져 있지만, 학습 시간 부족, 많은 학생 수 등 현실적인 제약으로 인해 충분히 실행되지 못하는 경우가 많았습니다. 그러나 그랜트 위긴스 Grant Wiggins 는 "피드백을 주고 사용할 시간이 없다는 것은 실제로 학습을 유발할 시간이 없다는 의미입니다."라고 강조하며, 피드백의 중요성을 다시 한 번 일깨워 줍니다.[*]

러닝 퍼실리테이션에서는 동료 상호작용 활동이 진행되는 동안 교사가 학생들을 개별적으로 관찰할 시간이 생깁니다. 이 시간 동안 교사는 학생들의 학습 행동을 면밀히 살펴보고, 즉각적이고 적절한 피드백을 제공할 수 있습니다. 이를 통해 학생들이 학습 과정을 조율하고 목표를 향해 나아가도록 도울 수 있습니다.

[*] Wiggins, G. (2012). 7 keys to effective feedback. Educational Leadership, 70(1), 10-16.

그렇다면, 효과적인 피드백은 어떻게 제공할 수 있을까요? 피드백의 핵심 요소를 이해하고, 이를 실제 수업에 적용하는 방법을 탐구해 봅시다.

우선, 학생들에게 도움이 되는 피드백을 제공하는 것이 중요합니다. 이는 곧 도움이 되지 않는 피드백도 있을 수 있다는 뜻이기도 합니다. 모든 피드백이 학습에 긍정적인 영향을 미치는 것은 아닙니다. 경우에 따라 피드백이 학생에게 부정적인 영향을 줄 뿐 아니라, 교사와 학생 간의 신뢰 관계를 해칠 수도 있습니다. 학생이 교사의 피드백을 '나를 안 좋아한다'라고 느끼거나 '배려심이 없다'라고 해석할 수 있다는 것이지요.*

종류	지지적 피드백	교정적 피드백	학대적 피드백	무의미한 피드백
반응	행동 반복	행동 변화	모멸	미미한 반응

세계적인 비즈니스 컨설턴트이자 리더십 전문가인 리처드 윌리엄스 Richard Williams 는 피드백을 크게 4가지로 분류합니다.** '지지적', '교정적', '학대적' 그리고 '무의미한' 피드백입니다. '지지적 피드백'은 학

* 낸시 프레이, 더글라스 피셔, 『피드백, 이렇게 한다』, 교육을 바꾸는 사람들, 2021.
** 리처드 윌리엄스, 『사람을 움직이는 힘 피드백 이야기』, 토네이도, 2012.

생이 현재의 행동을 지속할 수 있도록 교사가 긍정적인 반응을 보이는 피드백입니다. '교정적 피드백'은 학생이 현재의 행동을 수정하거나 개선할 수 있도록 유도하는 피드백으로, 우리가 흔히 피드백이라고 생각하는 형태에 가깝습니다. 반면, '학대적 피드백'은 비교, 비난, 질책 등을 통해 행동 변화를 유도하려는 것으로, 감정적인 상처를 남길 가능성이 높습니다. 마지막으로, '무의미한 피드백'은 구체성이 부족하고 피드백의 의도를 전달하지 못해 아무런 영향을 미치지 못하는 경우를 말합니다.

교사의 의도는 지지적, 교정적 피드백을 해주려고 했지만, 실제로는 학대적이거나 무의미한 피드백을 하는 경우가 있습니다. 특히 '교정적 피드백'과 '학대적 피드백'을 구분하지 못하고 사용하는 사람들도 주변에서 종종 볼 수 있습니다.

"다른 친구가 한 거를 좀 봐라!"
"지금까지 이만큼 한 거니?"

이런 말들은 학대적 피드백에 해당합니다. '학대적 피드백'은 행동을 변화시키기 위해 비교, 비하, 질책의 말 등을 사용하는 것입니다. 결과적으로 피드백을 받는 사람이 행동의 변화는 일어날 수도 있지만 감정도 함께 상하게 됩니다. 학생이 교사의 피드백을 받고 교사가 나를 싫어한다고 느끼거나 배려하지 않는다고 느꼈다면, 그것은 학대적 피드백을 받았을 가능성이 높습니다.

"잘했네~"
"좀 더 생각해 봐!"

이러한 말들은 지지적 피드백처럼 보이지만 사실상 무의미한 피드백일 가능성이 높습니다. 피드백이 지나치게 모호하거나 형식적이라 학생이 교사의 의도를 파악하지 못하게 됩니다. 이런 피드백은 학생들에게 별다른 영향을 주지 못하지만, 교사는 스스로 지지적 피드백을 했다고 착각하는 경우가 많습니다.

효과적인 피드백의 구체적 방법들
그렇다면 학생에게 도움이 되는 지지적 피드백과 교정적 피드백은 어떻게 해야 할까요?

"글의 주제가 명확해서 좋다. 그 근거를 한 가지 더 들어서 써보자."
"모둠원이 모두 협력해서 실험에 참여하고 있구나. 실험은 순서를 지키는 게 중요해. 왜냐하면 순서가 바뀌면 오류가 발생할 수 있거든. 다

같이 실험 순서를 다시 한번 읽어보고 지금 순서를 다시 확인하렴."

이처럼 학습 과정에서 이루어지는 피드백은 교육 목표와 수업의 핵심 주제, 그리고 성취 기준과 밀접하게 연결되어야 합니다. 학생의 현재 상황을 정확히 진단하고 학습의 맥락 속에서 피드백을 제공하면 그 효과가 더욱 커집니다.

학생들이 실질적인 피드백을 받았다고 느끼려면 평가에 실질적으로 도움이 되는 피드백이 제공되어야 합니다. 이를 위해 명확한 평가 기준을 바탕으로 피드백을 구성하는 것이 중요합니다. 특히, 루브릭은 교사가 학생의 학습 목표, 필요한 기술, 태도 등을 명확히 정의하고 이를 기준으로 구체적인 피드백을 제공할 수 있도록 돕는 강력한 도구입니다. 루브릭을 활용하면 학생들에게 학습의 방향성을 제시하는 동시에, 그들의 성장과 성취를 촉진할 수 있습니다.

또한 피드백이 효과적이려면 적절한 비교 기준도 필요합니다. 여기서 같은 반 친구가 비교군으로 가장 바람직하지 않음은 길게 설명하지 않아도 될 것 같습니다. 그렇다면 어떤 기준이 바람직할까요? 먼저 교육과정에 명시된 성취 기준이 가장 기본이 될 것입니다. 그다음으로 전국 단위 동급생 평균이 자신의 위치를 객관적으로 평가할 수 있는 기준이 됩니다. 그리고 자기 자신이 바람직한 기준이 될 수 있습니다. 과거의 성과와 현재의 성취를 비교하여 개인적 성장과 발전을 확인하도록 도울 수 있죠.

무엇보다 피드백은 학습 중에 이루어질 때 가장 효과적입니다. 학습과 평가가 끝난 후 제공되는 피드백은 학생에게 반영되지 않을 가능성이 큽니다. 학생의 행동 변화는 수정된 상황이 평가에 긍정적인 영향을 미칠 때 가장 적극적으로 이루어집니다. 행동 변화의 최고의 타이밍은 학습하는 과정 중인 셈이죠.

그리고 개별 피드백도 중요합니다. 개별 학생의 진단과 수행 능력을 고려한 피드백은 학생에게 더 큰 의미가 있습니다. 학생의 강점, 현재 상태, 그리고 잠재력을 기반으로 한 피드백은 단순히 학습에만 영향을 주는 것이 아니라, 학생의 자신감, 태도, 그리고 학습에 대한 동기를 높이는 데도 기여하기 때문이지요.

지지적 피드백과 교정적 피드백의 순서

'지지적 피드백', '교정적 피드백' 중 무엇을 먼저 해주는 것이 좋을까요? 월드카페 수행평가 중 호스트를 맡은 학생에게 피드백을 주는 상황을 가정해 봅시다. 그리고 아래 두 가지 피드백을 비교해 보겠습니다.

A	친구들이 활발하게 참여하도록 잘 유도했구나. 다양한 의견이 제시되었네. 합리적이지 않은 의견들도 눈에 띄는구나. 다양한 의견을 종합하는 것은 어려워! 조금 더 논리적으로 정리해 보자.
B	다양한 의견을 종합하는 것은 어려워! 조금 더 논리적으로 정리해 보자. 합리적이지 않은 의견들도 눈에 띄는구나. 다양한 의견이 제시되었네. 친구들이 활발하게 참여하도록 잘 유도했구나.

A, B는 동일한 피드백인데 순서만 달리 한 것입니다. 어떤 피드백이 효과적이라고 느껴지십니까?

A와 B의 차이는 지지적 피드백과 교정적 피드백의 순서에 있습니다. 교정적 피드백을 먼저 들으면 부정적인 이미지가 형성되면서 심리적 방어기제가 작동합니다. 이로 인해 뒤에 이어지는 긍정적인 피드백이 제대로 전달되지 않을 수 있습니다. 이를 '초두효과 Primacy Effect '라고 합니다.

A의 순서에서는 학생이 "나는 잘하고 있는데 이 부분만 조금 수정하면 되겠다"라고 긍정적으로 받아들이지만, B의 순서는 "내가 잘못했는데, 선생님이 마지막에 위로하려고 칭찬하신 거구나"라고 생각할 가능성이 큽니다. 따라서 피드백을 제공할 때는 지지적 피드백을 먼저, 교정적 피드백을 나중에 제공하는 것이 상대방이 피드백을 수용

하기 더 쉽고 효과적입니다. 학생의 긍정적인 면을 인정하고 이를 기반으로 개선점을 제안하는 방식이야말로 피드백을 학습의 도구로 활용하는 최선의 방법입니다.

수업 속 교사의 역할은 단순하게 학생들을 활동에 참여시키는 사람이 아닙니다. 학습을 촉진하는 지지적, 교정적 피드백을 통해 학생들의 학습 여정의 친절하고 안전한 안내자가 함께 되어보아요.

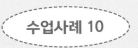

학생이 주도하는 수학 평가의 혁신
: 문제 제작 프로젝트

#러닝 퍼실리테이션 #햄버거 모델 #수학 문제 #문제 내기 활동

빵: 관련 경험 떠올리기

토핑 1: 문제 내기 활동

패티: 문제 검토하기

토핑 2: 문제 풀기 활동

빵: 핵심내용 돌아보기

소스: 시험 평가

햄버거 모델 구성		
빵	관련 경험 떠올리기	'수학 단원 평가'에 대한 경험 나누기
토핑 1	문제 내기 활동	수학 3단원 '소수의 덧셈과 뺄셈'에서 중요하다고 생각하는 부분을 5가지 문제와 답안지로 만들기
패티	문제 검토하기	교사의 설명과 검토 : 수학 문제와 답안지 확인하기 나만의 수학 시험지 수정 후 완성하기

행버거 모델 구성		
토핑 2	문제 풀기 활동	친구가 낸 수학 시험지를 풀고, 채점하기 모르거나 이해되지 않는 부분 묻고, 설명하기
빵	핵심내용 돌아보기	수학 3단원에서 헷갈리거나 어려워하는 부분 교과서를 보며 다시 개념과 원리를 정리하기
소스	시험 평가	소수의 덧셈과 뺄셈을 그림과 수직선으로 이해할 수 있는지 수학 시험 활동지로 평가

 빵: 관련 경험 떠올리기

그날도 여느 때와 다름없는 수학 단원 평가를 앞둔 날이었습니다. 알림장에 단원 평가 보는 날짜와 범위를 적는 아이들의 표정은 어두워지고, 점수가 낮으면 어떡하나 걱정하는 모습이 눈에 띕니다. 그동안 수학 단원 평가에 대한 경험을 나눠보니 아이들에게 평가는 두려움의 대상인 경우가 많았습니다.

평가는 자신이 무엇을 모르고 있고, 더 배워야 하는 것이 어느 부분인지 발견하는 과정인데, 아이들은 평가 결과의 하나인 시험 점수를 자신과 동일시하고 있었기 때문이지요. 그럼에도 평가는 필요합니다. 특히 수학은 연계성이 커서 단원 평가를 통해 부족한 점을 파악해서 보충하고, 다음 수업의 방향을 잡곤 했습니다. 아이들이 스트레스는 덜 받고, 공부한 내용을 복습할 수 있는 다른 방법은 없을까 고민 끝에 수학 수업을 러닝 퍼실리테이션으로 설계하기로 했습니다.

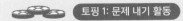

늘 교사가 단원 평가의 문제를 만들었는데 이번에는 학생들이 직접 문제를 내고, 답안지를 작성해 보는 것이지요. 질문에 답하는 것보다 질문 만들기가 더 어려운 것처럼, 문제와 답안지를 직접 만들기 위해서는 그 내용을 충분히 이해하고 있어야 합니다. 소수의 덧셈과 뺄셈 단원을 마치고 나니 아이들이 계산식의 문제는 잘 풀지만, 서술형으로 문제를 푸는 것은 어려워하고, 소수를 그림과 수직선으로 표현하는 것을 헷갈린다는 점도 깨닫게 되었습니다. 저는 그 부분을 중심으로 단원 평가를 진행하기로 하고, 아이들에게는 다음 내용을 안내했습니다.

> **내가 만드는 수학 시험지**
> - 범위: 4학년 2학기 3단원. 소수의 덧셈과 뺄셈
> - 서술형 5문제: 그림 또는 수직선이 들어간 문제가 있어야 함/ 어려운 문제와 쉬운 문제가 골고루 들어가도록 할 것
> - 5문제에 대한 자신이 만든 답안지: 자신이 낸 문제의 답을 스스로 설명할 수 있어야 함
> - 준비 기한: 일주일 (3단원을 복습하면서 수학 문제를 만들 것)
> - 제출 날짜: 수학 단원 평가일 5일 전까지

시험 문제를 푸는 것이 아니라 시험 문제를 내보자는 이야기에 아이들은 처음에는 "무슨 말이지?" 하면서도 집과 학교에서 열심히 공부하며 수학 시험지를 만들어왔습니다.

학생들이 만든 시험지를 미리 검토하는 시간을 가졌고, 교사는 문제와 풀이 과정을 확인하고, 겹치는 문제나 범위를 벗어나는 문제를 확인해 주었습니다. 너무 쉽고 간단한 문제만 낸 친구에게는 좀 더 어려운 문제를 만들게 하였고, 그리하여 글씨도 문제 유형도 각각 다른 22개의 수학 시험지가 탄생했습니다. 나름 시험지 위에 출제자 이름도 쓰면서 스스로 뿌듯해하는 아이들의 모습이 참 귀여웠습니다.

토핑 2: 문제 풀기 활동

드디어 수학 단원 평가를 보는 날이 다가왔습니다. 여느 때와는 사뭇 다른 단원 평가의 풍경이었습니다. 예전 같으면 최대한 시험을 늦게 보자고 했을 아이들이 "선생님, 언제 시험 봐요?" 물으며 재촉했지요.

무작위로 시험지를 한 장씩 나눠주었고 아이들은 친구들이 낸 5개의 수학 문제를 풀기 시작했습니다. "어? 나랑 비슷한 거 냈네?" 놀라는 아이도 있고, "왜 이렇게 어렵게 냈어?" 투덜거리는 소리도 들립니다. 그래도 예전에 비해 긴장하지 않는 걸 말해주는 것 같아 반가웠습니다. 시험이 끝나고, 아이들은 문제를 낸 출제자에게 가서 답안지를 받아서 직접 채점했습니다. 틀렸던 아이는 문제를 낸 친구에게 찾아가서 풀이 과정을 물어보고 다시 풀기도 하고, 답을 맞힌 아이는 즐거워했습니다.

답이 틀린 것 같다고 하는 경우 다른 친구들을 불러서 같이 해결하거나, 교사가 도와주면서 헷갈리는 부분을 짚어주거나 관련된 교과서 페이지를 알려주며 다시 공부하게 했습니다. 시끌벅적한 단원 평가 시간이었습니다. 끝나고 나서 아이들에게 어땠냐고 물으니 늘 문제집이나 선생님이 낸 문제를 풀기만 하다가 자신이 직접 문제를 내는 경험이 새로웠다고 합니다. 또한 문제를 내는 게 쉽지 않다는 것도 깨닫고, 틀려서 다시 푸는데도 기분이 나쁘지 않았다고 하더군요.

아이들이 만든 문제로 진행한 특별한 단원 평가가 끝나고 제가 출제한 시험지로 다시 평가했는데 평소보다 결과가 더 좋았습니다. 아무래도 문제를 내기 위해 아이들 스스로 더 고민하고 생각한 시간 덕분이 아닐까, 싶습니다.

이처럼 적극적으로, 신나는 표정으로 참여하는 모습을 보면서 '아이들이 직접 수학 시험 문제를 내는 게 그렇게 어려운 것도 아닌데 왜 지금까지 시도하지 않았을까?'하고 교사인 제게 물었습니다. 아이들은 자신이 배운 내용을 바탕으로 새롭게 지식을 구성하고, 문제를 창출할 수도 있는 충분한 능력이 있는데 그런 기회를 주지 못한 것 같았습니다. '교사는 문제를 출제하고 설명하며 가르쳐주는 사람'이고, '학생은 그것을 받아들이기만 하면 되는 수동적인 존재'로 본 것은 아닌가 반성하게 되었지요. 학생을 배움의 중심에 두기 위해 아이들을 더 적극적인 존재로 바라보는 것이 필요하다는 걸 이번 수업에서 배웠습니다. 평소와 달리 시끌벅적했던 수학 시험의 풍경과 골똘하고 진지하게 친구가 낸 문제를 풀던 그 모습을 오래오래 기억하고 싶습니다.

🍄 토핑 Tip !

'문제 내기 활동 Peer Quiz Activity'는 학습자들이 동료 상호작용을 통해 문제를 해결하며 학습하는 러닝 퍼실리테이션 활동 중 하나입니다. 학습자는 문제를 내기 위해서 내용을 충분히 이해하려고 하고 문제를 출제하며, 최종적으로 출제된 문제는 다른 학습자가 풉니다. 즉, 서로 문제를 내고 문제를 풀면서 가르치며 배우는 시간을 만듭니다. 이때 러닝 퍼실리테이터로서 교사는 학습자들에게 충분히 학습할 시간을 주고, 출제된 문제를 짚어가면서 핵심을 짚어주거나 오류가 있는 부분을 고쳐주고 정리해 주면 됩니다.

Q6 러닝 퍼실리테이션 수업에서 평가의 역할은
무엇인가요?

> 수업에서 러닝 퍼실리테이션을 활용하기도 바쁜데 평가까지 고려해야 한다
> 니 부담스러워요. 수업 속에서 평가의 의미는 무엇인가요? 왜 고민해야 하
> 나요?

이 질문에 대해서는 제 개인적인 경험과 생각을 조금 상세하게 나
눠보고자 합니다. 평가는 저의 오랜 고민이기도 했고, 교사라면 반드
시 한번은 짚고 넘어가야 핵심적인 부분이기 때문입니다.

평가의 시작: 한 교사의 고민

초임 시절 방학을 맞아 한껏 들떠있을 때, 학부모님의 민원 전화를 한 통 받았습니다. 방학식에 배부된 성적 통지표를 보시고 우리 아이가 왜 '노력 요함'을 받았느냐는 것이 민원의 요지였습니다. "우리 아이는 다 잘하는 아이인데, '노력 요함'을 받을 리 없다."라면서 "선생님께 너무 서운하다."라고 하셨습니다. 너무 갑작스러운 통화 내용에 당황해서 수행평가 계획서에 나와 있는 내용을 읽어드렸지만, 학부모님께서는 전혀 받아들일 마음이 없으셨어요. 당시 성적 통지표는 교과목 각각의 다양한 영역에 대해 '잘함', '보통', '노력 요함'의 3단계로 성적을 통지하는 방식으로 시행했으니, 특정 영역 한 군데에서 '노력 요함'을 받았다고 해서 모든 교과목이 전반적으로 부진하다고 말할 수는 없는 일이었지요. 수많은 평가 영역 중 하나의 영역에서 '노력 요함'을 받았다는 이유로 학부모님은 저에게 서운함을 토로하셨던 거였어요.

저는 무척 의아한 생각이 들었습니다. 제가 그 학생에 대해 부정적인 마음을 갖고 있었기에 학생에게 그런 평가 결과를 제시했던 것일까요? 사실 제 마음대로 평가를 준다면 그 학생은 '매우 잘함'을 넘어서서 '너무 너무 잘함'을 받았을 텐데 말이죠. 학교에 근무하며 학부모님과 상담하다 보면, 교사가 제시하는 평가 결과를 개인적인 감정에 의한 것으로 받아들이는 경우가 종종 있습니다. 이런 부분 때문에 많은 교사가 학생에 대해 객관적으로 평가하더라도, 평가 결과를 객관적으로 전달하는 것을 부담스러워 하는 듯 싶습니다. 또한 이러한 부담이 수행 평가를 기피하고 객관식 지필평가로 회귀하고 싶게 만드는 요인이라고 예측합니다. 결과적으로 이러한 부담은 교사의 평가를 위축시키고, 학습 과정과 결과에 관한 건설적인 피드백을 통해 학생이 성장할 기회를 박탈하겠지요.

평가에 대한 당시 교사들의 인식

물론 그 학생은 부모님의 말씀대로 학교생활의 전반적인 영역에서 두루 잘하는 모범생이었습니다. 그러나 그 학생이 모범생인 것과 '미술과 감상영역의 수행 평가' 기준에 도달했는지는 다른 문제라고 생각했기 때문에 저는 무척 억울했어요. 같은 학년의 동료 선생님들과 모인 자리에서 민원 전화에 관한 이야기를 꺼냈습니다. 그때만 해도 제가 학년에서 막내였으니까 선배님들께 속상함을 토로했었지요. 나는 객관적으로 평가한 건데 주관적인 입장에서 그렇게 항의할 수가 있는 거냐고, 너무 억울하고 속상하다고 투정을 부렸습니다. 당연히 제 편을 들어주실거라고 기대했지요.

그런데 더 이해할 수 없었던 것은 동료 선생님들의 반응이었습니다. 미술은 중요한 과목도 아닌데 무엇 하러 그렇게 야박하게 평가를 주어서 그런 항의를 받았냐는 것이었어요. 초등학생인데 적당히 잘한다고 해주면 아무 문제 없는데 괜히 긁어 부스럼을 만들었다고, 다음부터는 그러지 말라고 하시더라구요. 제가 아직 어려서 뭘 잘 몰라서 이런 일이 생겼다는 것이 몇몇 동료 선생님의 의견이었습니다. 저는 억울한 마음도 들었지만, 무척 의아하다는 생각도 들었습니다. 학교에서 학습하는 교과목을 중요한 과목과 중요하지 않은 과목으로 나누어서 생각해야 하는 것인지, 초등학생의 평가는 적당히 넘어가도 되는지, 교사가 전문가로서 제시한 평가 결과는 민원의 대상이 될 수 있는 것인지 등등 평가에 대해 많은 의문과 고민이 들었습니다.

평가에 대한 회피

그러나 그에 대한 답을 찾기는 쉽지 않았지요. 평가에 관해, 특히 수행 평가에 관해 그런 심각한 주제를 꺼내거나 토론하는 일도 드물었고, 관련 전문성을 높일 기회도 많지 않았거든요. 과연 우리가 가르치고 배우는 것 중에 중요하지 않은 것이 있을까요? 아마 이것도 예전의 이야기이기 때문이라는 생각이 듭니다. 그러나 현재까지도 예술영역처럼 특정 영역에 대해 평가할 때 주춤거리게 되는 상황이 종종 있습니다. 예술영역이 중요하지 않기 때문이 아니라, 예술영역에 대해 과연 어떻게 평가해야 할지 너무 난감하기 때문입니다. 어떤 잣대로 측

정해야 할지, 어떤 피드백을 통해 발전할 수 있을지 저 스스로 아직도 자신이 없을 때가 많아서 그런가 봅니다.

그 후로 저는 평가에 무척 소극적인 교사가 되었습니다. 어찌 보면 자연스럽게, 해결 방안을 찾기 어려우니 애써 평가에 의미를 두지 않으려고 회피했던 것이지요. '어차피 이런 평가 따위 아무도 관심 두지 않아.'라고 스스로 위로하며 적당히 넘어가려 하고, '내가 무슨 평가 전문가야, 아무도 나를 전문가라고 인정하지 않는데 혼자 무슨 소릴 하는 거야. 조용히 지나가는 게 최선이야.'라며 스스로 저를 깎아내리며 생채기를 내기도 했습니다. 학기 초에 작성하는 수행 평가 계획서도 성의 없이 형식만 맞추어서 제출했습니다. '계획서는 그저 계획일 뿐인데 의미도 없는 일에 노력을 들여봐야 무엇하나?' 하는 절망적인 마음이 제 안에 깊이 자리를 잡았습니다. 화려한 학습 활동이나 기술적인 측면을 다루는 수업과 관련 있는 연수에 참석하며 '수업의 외적인 측면을 화려하게 장식하는 것이 수업을 잘하는 길'이라고 생각하고 평가는 아예 내려놓고 지냈던 것 같습니다.

교사 중심 수업의 한계
지나고 생각하니 여기에서도 제가 늘 놓치는 것이 있었어요. 수업은 누구를 위해 하는 것인지 생각하지 않았던 것 같습니다. 수업의 주인공이 교사라고 생각하고 있었던 거예요. 제가 다양한 수업의 전략을 펼치며 화려하게 수업하는 동안 제 수업에서 소외된 학생은 없었을까요? 제가 가르친 학생들은 모두 제가 의도한 학습 목표에 도달했을까요? 그 당시의 저에게 다시 묻는다면 자신 있게 그렇다고 답했을 것 같습니다. 지금의 저에게 묻는다면 고개를 갸웃할 것 같습니다. 저의 모든 학생이 모든 수업에서 학습 목표에 도달했는지 확인한 방법과 시기가 잘 기억나지 않아서입니다. 평가지를 마련해서 시행한 수행 평가는 분명 있었지만, 그것이 모든 수업시간에 이루어지지는 않았거든요. 그렇다면 수행 평가를 계획한 수업만이 학습 도달도를 확인할 필요가 있는 수업이었을까요?

어느 해 새로 발령받은 후배 선생님이 저에게 묻더라구요. '선생님, 수행평가는 왜 하는거에요?' 그 질문에 대해 저는 말문이 턱 막혔습니다. 이제껏 해 왔던 저의 날라리 같은 평가를 감히 밝힐 수가 없어 부끄러웠기 때문입니다. 더불어 수행 평가에 대해 후배 선생님에게 특별히 알려줄 만한 내용을 익히지 못했다는 점도 한몫했습니다. 평가 관련 연수는 참석해 본 기억이 없었어요. '도대체 수행 평가는 왜 할까요?'라는 이 질문이 해묵은 저의 속상했던 그 시절을 다시 소환했습니다. 평가에 대해 잘 알지 못해 지나쳐 버린 수많은 학생에 대한 미안함과 함께 말입니다.

과거 평가의 모습

그럼 다시 한번 생각해 봅시다. 평가는 왜 할까요? 우리나라 교육 현실에서 평가라는 논제에 관해 이야기할 때면, 대학수학능력평가와 같이 표준화 검사를 통해 고득점자에게 보상을 주는 고부담 시험 high-stake test 이 평가의 대명사처럼 등장합니다. 대학수학능력평가와 같은 고부담시험은 우리 교육이 평가를 바라보는 가장 날것의 방식이 아닐까, 생각합니다. 우리는 평가를 통해 서열을 정하고 선발을 결정하는 용도로만 평가를 바라보고 있는 것은 아닐까요?

옛날 이야기로 들리겠지만 저의 학창시절을 돌아보면 제가 기억하는 평가는 다소 비슷한 모습이었습니다. 우선 짝이 넘볼 수 없도록 책가방을 책상에 올려서 높은 담을 쌓거나, 가림판이라고 불리는 파일을 책상 모서리에 세워서 제 주변을 성벽으로 단단히 방어합니다. 그리고 갱지라고 불리던 8절 도화지 크기의 시험지를 받아서 제한된 시간 내에 긴장하며 열심히 풀지요. 엄숙하게 선생님께 제출하면 선생님께서 빨간 색연필로 동그라미를 하거나 틀렸다는 표시를 하고 총점을 시험지 앞장에 적어서 되돌려 주셨습니다.

여러분도 비슷한 경험이 있으신가요? 이러한 평가에서 제가 얻을 수 있는 것은 무엇이었을까요? 여러분은 이 경험에서 무엇을 얻으셨나요? 평가지를 통해 제가 얻은 정보는 제가 몇 점인지, 짝은 몇 점인지와 우리 반에서 내가 몇 등인지 순위에 관한 정보였을 것입니다. 아직 어렸던 저에게 그러한 정보는 다른 친구들보다 더 잘해야 한다는 압박과, 모두가 경쟁자이기 때문에 내가 아는 것을 남에게 알려주면 내가 손해 볼지도 모른다는 생각과 연결되었던 것 같습니다. 과거 제가 겪었던 평가에서 저는 어떤 문제가 출제될지, 틀린 문제의 답은 무엇인지, 나는 그 문항에서 왜 오답을 선택한 것인지, 다음 학습은 어떻게 해야 하는지에 관한 정보를 얻기 어려웠습니다. 예전 교육의 평가 목적은 서열화에 있었고, 서열화 이외에 학습자의 학습을 촉진하는 목적으로 평가를 활용하지는 않았던 것 같습니다.

초임 교사 시절의 저 역시, 평가는 단순히 합격과 탈락을 구분하고, 기준선에 맞출 수 있는지 없는지 서열을 정하는 용도로 생각하며, 학생을 재단하는 도구로만 여겼던 것 같습니다. 그래서 평가하는 날은 좀 더 엄격하고 날카롭게 학생들이 서로 다른 학생의 평가 결과를 넘겨 볼 수 없도록 감시하는 역할에 집중했던 것 같아요. 수십 명의 학생을 혼자 감당하며 누가 누구보다 더 잘했는지 순위를 매기는 것에 신경 쓰느라 학생들이 학습할 때 어떤 도움이 필요한지 파악할 여력이 없었던 것 같습니다.

서열화 중심 평가의 한계

만약 평가가 선발과 서열화의 도구로만 쓰인다면 학습과 평가는 어떻게 연결될까요? 이 경우 일반적으로 학습의 결과에 대해 평가하기 때문에 학습자는 평가에서 좋은 결과를 얻기 위해 학습에 임하게 될 것입니다. 선발과 서열화는 모두가 이해할 수 있는 객관적인 근거가 중요하기에 정답을 정확하게 구분할 수 있는 내용이 주로 평가 내용에 포함되겠지요. 자연스럽게 학습도 정답을 정확하게 구분할 수 있는 내용 습득으로 연결됩니다. 평가 결과만이 중요한 요소이기 때문에 학습 자체에서 큰 의미를 발견하기는 어려울 것입니다. 또한 학습에 열심히 참여했어도 평가 결과가 좋지 않다면 그간의 노력을 인정받기도 어려울 테지요.

위에서 나열한 학습과 평가의 관계를 살펴보면 과거 정보화 사회가 도래하기 전에는 훌륭한 역할을 해냈을지는 몰라도, 현재 그리고 앞으로 다가올 미래 사회에서는 썩 기대되는 모습은 아니라고 생각합니다. 지식정보화가 가속화되고 인구 감소와 더불어 대체인력으로서의 인공지능의 등장은 대량생산의 시대를 지나 개개인의 성장과 역량이 그 어느 때보다도 중요한 시대가 다가오고 있음을 알리고 있습니다. 교육도 예외일 수는 없지요. 우리가 지금껏 만나왔던 평가는 우리의 성장에 어떤 도움을 주었나요?

평가의 본질 되찾기

본래 '평가'의 의미에 대해 되짚어 보자면, '평가 assessment '라는 단어는 라틴어 'Assidere'에서 유래한 것으로 '옆에 앉아 있거나 함께 앉는다 Wiggins, 1993 .'라는 의미입니다. 학습 과정에서 학습자의 학습이 어떤 방향으로 이루어지고 있는지 학습자 옆에서 확인하고 함께 도와주는 것이 평가의 어원이 지닌 진짜 속뜻이지요. 미래 사회에서 학습과 평가는 오히려 먼 옛날 평가의 어원으로 돌아가, 학습자가 학습 과정을 올바르게 수행하고 있는지 지속적으로 확인하고 도와주는 것이 되어야 합니다. 이를 실천하기 위해 가장 필요한 것은 아마도 학습자를 향한 공감력이 아닐까, 생각합니다. 학습자가 어떤 마음으로 학습에 임하고 있는지 공감하지 못한다면 학습자의 학습이 잘 이루어지고 있는지, 어떤 부분에서 나아가지 못하고 있는지를 알아차리기 어려울 것이기 때문입니다.

러닝 퍼실리테이션과 평가의 만남

평가가 가진 본연의 힘을 통해 학습자의 학습 과정이 올바르게 나아갈 수 있도록 길잡이가 되어주고, 평가를 통해 학습자가 학습 목표에 도달할 수 있도록 도와주는 역할을 되살리기 위한 고민이 필요한 시점이라고 생각합니다. 이러한 지점에서 수행평가와 러닝 퍼실리테이션은 평가가 가진 본연의 힘을 되살릴 수 있는 좋은 파트너입니다. 러닝 퍼실리테이션에서 교사는 학습자가 학습하는 과정을 관찰하고, 학습이 올바르게 진행되고 있는지 계속 피드백하기 때문입니다. 또한 학습의 설계 단계에서 평가의 역할을 고민하고 반영하여, 학습의 과정에서 지속적인 역할을 할 수 있게 하기에 평가 본연의 힘을 발휘하게 하는 좋은 파트너가 될 수 있습니다.

효과적인 평가 기준의 설정

평가를 왜 하는지와 더불어 중요한 것은 평가를 어떻게 할 것인가입니다. 초임 시절 제가 평가를 어렵게 느꼈던 이유도 평가를 어떻게 할지에 대해 스스로 자신이 없었기 때문이었습니다. 평가를 어떻게 할지 고민할 때 필연적으로 생각해야 하는 것은 바로 평가 기준입니다. 평가하는 교사는 학습자가 보여주는 다양한 결과들을 수집하여 학습자의 학습 성과를 추론하게 되는데, 이때 어떤 기준을 가지고 판단하고 추론할 것인지 기준이 필요하기 때문입니다. 이 기준은 평가를 설계하는 수업의 첫 설계 단계에서 결정되어야 하며, 수업의 전반에서 학습자가 도달해야 할 학습 목표에 반영되어 있어야 합니다. 모든 학습 활동을 통해 이 기준에 도달할 수 있어야 하기에 평가와 수업 설계를 연결하는 가장 중요한 연결고리이기도 합니다.

평가 기준을 세울 때는 무엇을 고려해야 할까요? 흔히 평가 기준을 세운다고 하면 학습자가 보여주는 결과물에 관해 어떻게 판단해야 할지를 고민합니다. 그러나 평가 기준을 세울 때는 학습의 궁극적인 목표가 무엇인지를 떠올려야 합니다. 이 수업을 통해 학습자에게 기대하는 변화가 무엇인지 정확히 파악하지 않는다면 핵심적인 부분 이외에 지엽적인 부분에 관해 평가 기준을 세우게 됩니다. 이 경우 평가 기준과 수업이 밀도 있게 연결되기 어렵고, 이후 학습의 결과를 수집하여 학습자의 학습성과를 판단할 때 혼란을 겪을 수 있습니다. 따라서 평가 기준을 세울 때는 내용 타당도*를 고려해야 합니다. 이처럼 평가 기준에서 내용 타당도를 확보하려면 평가 문항을 작성하는 교사가 전문가로서 교육과정 조망력이 있어야 합니다. 교육과정에 관한 폭 넓고 깊은 이해를 바탕으로 학습자의 수준에 알맞은 평가 기준을 세울 수 있고, 이를 토대로 수업을 설계할 수 있기 때문입니다.

미래 교육에서 평가 방향

미래 교육에서 평가는 학습자의 성장을 지원하는 핵심 도구로 자

---

* 내용 타당도(內容妥當度, Content Validity)란 한 검사가 전체 내용을 얼마나 잘 대표하느냐를 의미한다. 예를 들어 국어학력 검사는 표집된 문항으로 구성된 검사를 통해 피검사자의 국어학력을 측정하여야 내용 타당도가 높은 검사가 된다. 내용 타당도를 높이기 위해서는 가르치고자 하는 교육과정의 목표를 분명히 이해하고 그 목표를 다루기 위한 구체적인 문항을 개발해야 한다.

리 잡아야 합니다. 전통적인 서열화와 선발 중심의 평가에서 벗어나, 개별 학습자의 발전 과정을 지속해서 관찰하고 지원하는 형성평가로 전환이 필요합니다. 디지털 기술의 발달과 AI의 등장은 단순 지식의 암기나 정답 찾기 능력보다 창의적 문제해결력, 협업 능력, 비판적 사고력과 같은 고차원적 역량의 중요성을 더욱 부각하고 있습니다. 이에 따라 평가도 이러한 역량을 종합적으로 측정하고 발전시킬 수 있는 방향으로 변화해야 합니다.

특히 러닝 퍼실리테이션과 같은 학습자 중심 교육에서 평가는 학습 과정 전반에 걸쳐 지속하여 이루어져야 하며, 즉각적이고 구체적인 피드백을 제공하고, 학습자의 자기주도적 성장을 지원하며, 개별화된 학습 경로를 설계하는 데 도움이 되어야 합니다. 이를 위해서는 교사의 평가 전문성 향상이 필수입니다. 교사는 교육과정에 관한 깊은 이해를 바탕으로, 다양한 평가 도구를 활용하여 학습자의 성장을 입체적으로 관찰하고 지원할 수 있어야 합니다. 평가는 더 이상 교육과정의 마지막 단계가 아닌, 학습을 이끌어가는 핵심 동력이 되어야 할 것입니다.

평가 기준의 공동 설계
: 학습자가 만드는 성장의 이정표

#수업 #평가 #학습자 주도성 #수행 평가 #평가 기준 만들기

평가의 궁극적 목적은 학생들의 성장을 돕는 것입니다. 학생들이 수업을 통해 어떤 경험과 이해가 필요한지, 수업의 시작부터 평가까지 함께 고민하는 것이 중요합니다. 수업 설계의 마지막 단계에서 학생들의 도달점이 평가 내용이 되며, 이를 확인하는 방식이 평가 방법이 됩니다. 여전히 평가가 어려운 저는 평가를 앞두고 저 자신에게 세 가지의 질문을 하곤 합니다.

수업과 평가를 연결하는 성찰

1. 평가를 통해서 학생들은 어떤 배움을 얻을 수 있을까?

2. 아이들과 함께하는 평가가 그들을 변화, 성장하게 하는가?

3. 평가 방식이 학생, 나, 주변 동료 교사에게 어떤 정보를 제공하고 있는가?

2번 질문에서 '과연 내가 아이들과 함께 평가하고 있을까?'를 떠올리니 사실 평가를 같이 해본 적이 없었습니다. 학생을 배움의 중심에 두는 러닝 퍼실리테이션을 공부하면서 이번에는 학생들과 함께 만들어 가는 수행 평가를 해보기로 했습니다. 마침 '친구와 함께 음악 줄넘기 작품 표현하기' 체육 수행 평가 시기와도 맞았습니다. 수행 평가 과제는 모둠별로 하나의 곡을 정해 음악에 맞춰 줄넘기 안무를 만들어서 3분 이내의 공연을 하는 것이었습니다.

평가 기준의 공동 설계

평소에는 평가 내용만 제시하고 평가 기준을 학생들에게 안내하지 않았습니다. 그랬더니 아이들은 평가 결과를 받고 나서 평가 기준에 도달하지 못한 부분을 다시 만회할 기회가 없었지요. 학생들과 함께 평가 기준을 만들고, 이를 인지한 상태에서 과제를 준비한다면 훨씬 더 주도적으로 과제에 참여할 것이라는 생각이 들었습니다. 학생들에게 음악 줄넘기 수행 평가 기준을 같이 만들자고 했더니 학생들은 깜짝 놀랐습니다. 평가는 언제나 선생님 혼자만 하는 것으로 인식되고 있었기 때문입니다. 선생님이 교육과정을 참고해서 어떻게 해야 하는지 안내해 줄 것이고, 평가 기준을 만들고 이해하는 과정에서 음악 줄넘기 작품도 완성도가 높아질 것이라고, 그런 과정을 경험해 보자고 격려해주었습니다.

드디어 러닝 퍼실리테이션을 활용한 평가 수업 첫날이 다가왔습니다. 음악 줄넘기 수행 평가 기준을 함께 만들기 전에 교육과정을 참고하여 세 가지 영역을 제시하고 아이들에게 질문을 던졌습니다.

지식	기능	태도
"음악 줄넘기를 하려면 무엇을 알고 있어야 할까?"	"친구들과 함께 음악 줄넘기를 하려면 어떤 능력이 필요할까?"	"음악 줄넘기 공연을 준비할 때 어떤 태도가 필요할까?"

아이들은 체육 교과서에서 줄넘기 기본 기능을 찾고, 그동안 모둠끼리 연습하면서 어떤 것을 연습해야 했는지, 어려웠던 점은 무엇인지 등을 떠올렸습니다. 학생들의 브레인스토밍 내용은 제가 칠판에 정리했습니다.

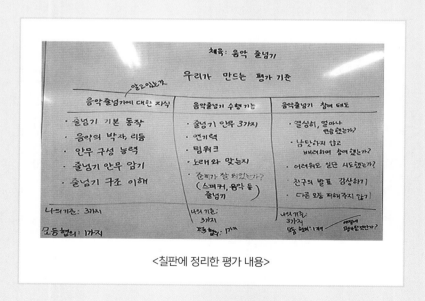

<칠판에 정리한 평가 내용>

학생들은 여러 평가 기준 중에서 모둠별로 가장 중요하다고 생각하는 내용을 친구들과 함께 협의하고 발표했습니다. 저는 교육과정에서 평가 요소를 살핀 뒤 피드백을 해주었고, 다음 세 가지의 수행 평가 기준이 나왔습니다.

지식	기능	태도
음악 줄넘기의 안무를 정확히 이해하고 있는가?	줄넘기의 기본 동작을 정확하게 수행하는가?	모둠별 연습에 협력하여 참여했는가?

학생 주도적 성장의 발견

그러고 나서 각 평가 기준에 따라 모둠별로 중간 평가를 진행하게 했습니다. 여러 모둠이 음악 줄넘기의 안무를 정확하게 이해하는지 부분에서 낮은 점수를 주었습니다. 점수가 낮은 이유를 토의하게 했더니 전체 안무는 구성했는데 기록하지 않아서 조금씩 다른 안무로 기억하고 있던 것이죠. 그래서 한 아이가 정확하게 안무 순서와 동작을 공유하자는 아이디어를 내더니 쓱쓱 그리기 시작했습니다.

어떤 모둠은 '태도' 부분의 점수를 낮게 매겼습니다. 알고 보니 각자 줄넘기 능력은 뛰어난데 협업이 어려웠던 것입니다. 그 모둠은 함께 모여서 연습하는 시간을 늘리기로 하고, 기본 동작을 어려워하는 친구들을 서로 가르쳐주었습니다. 저는 평가 기준에 따라 부족한 점을 성찰하고, 다시 보완해 나가는 아이들의 모습을 보며 감탄했습니다.

아이들에겐 이미 이런 능력이 있었는데 그동안 펼칠 기회를 주지 않았나 싶었습니다. 평가 과정을 아이들과 함께하는 것은 제게 하나의 도전이었습니다. 아이들과 함께하는 평가를 계획하고 시행하기 위해서는 더 고민하고 보완해야 할 부분이 있지만, 평가하는 과정 자체도 하나의 수업이 될 수 있다는 점과 수업과 평가가 긴밀하게 연결될 때 학생들은 더 깊고 주도적으로 배운다는 걸 깨달았던 시간이었습니다.

🍄 토핑 Tip !

평가에서는 '평가' 자체뿐만 아니라 '결과'나 '내용'에 관한 피드백도 무척 중요합니다. 학습자는 교사와 동료의 '어떤 점이 좋았고, 어디에서 더 성장해야 하는지'에 관한 피드백을 통해 자신의 학습 과정을 이해하고 보완할 수 있습니다.

저는 피드백 방법 중 하나로 'Two Stars, One Wish'라는 것을 자주 활용하는데요. 개인이나 모둠의 발표를 듣고 2가지 빛나는 점과 1가지 바라는 점을 간단하게 정리하고 나누는 활동입니다. 자기평가와 동료평가 및 피드백의 방법으로 사용하는데요. 예를 들면 국어 시간에 친구가 쓴 글을 발표하는 것을 듣고 노트에 친구의 글에서 배울 점, 기억에 남을 만한 부분을 쓰고, 궁금한 점이나 보완되기를 바라는 부분을 쓰는 것이죠. 물론 자신의 글을 대상으로 한다면 자기평가로도 활용할 수 있습니다. 또한 각 모둠별로 연극 발표를 한 후에도 간단하게 교사가 "Two stars and One wish?"라고 물으면 학생들이 손을 들고 피드백을 주고받는 시간을 갖는 식이죠. 처음에는 어색해했지만, 꾸준히 하다 보니 언젠가부터 피드백의 내용도 정교해지고, 친구들의 발표도 더 집중해서 듣기 시작했습니다. 학기가 끝날 무렵에는 피드백을 주고받는 일이 교실의 자연스러운 문화로 조금씩 자리 잡아가는 것을 볼 수 있었답니다.

Memo

교육은 사람을 한 번 더 가르치는 것이 아니라,
무엇을 할 수 있는지 깨닫게 하는 것이다.

마리안 우즈

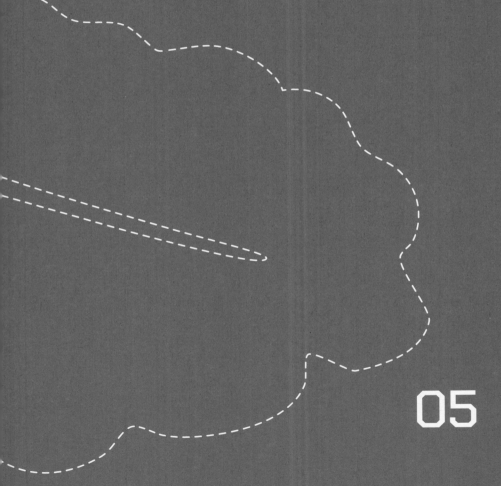

수업에서
바로 활용할 수 있는
햄버거 토핑과 세트

05

학습설계가 쉽고, 즐거워지는 햄버거 토핑과 햄버거 세트를 소개합니다. 우선 20가지 햄버거 토핑은 러닝 퍼실리테이션 수업에서 어떤 토핑을 활용할지 고심하는 교수자들을 위해 예시 중심으로 정리했습니다. 수업에서 바로 사용할 수 있는 간단한 토핑부터 앞의 수업사례에서 사용한 토핑, 퍼실리테이션 도구 중 러닝 퍼실리테이션 수업에서 활용하기 좋은 토핑들까지 담았답니다. 또한 10가지 햄버거 세트 활동지는 빵-토핑-패티-빵 세트로 수업 전체를 담은 활동지입니다. 이 책에 담긴 다양한 수업사례에서 실제로 사용한 것이고요.

햄버거 세트 활동지.zip https://m.site.naver.com/1De05
12가지의 활동지를 바로 사용할 수 있도록 한글파일로 제공합니다. 수업 준비 시 적극 활용해보세요.

01 러닝 퍼실리테이션 햄버거 토핑 20가지

수업 속 학습자들의 학습 활동을 떠올려 봅시다. 보고, 듣고, 읽고, 쓰고, 말하고, 만들고, 직접 해보기 등의 활동을 합니다. 러닝 퍼실리테이션 수업에서 무엇을 햄버거 모델의 토핑으로 활용할까요? 특별한 퍼실리테이션 기법을 토핑으로 사용해야 러닝 퍼실리테이션일까요? 지금 수업에서 하는 모든 학습 활동이 러닝 퍼실리테이션 햄버거 토핑이 됩니다.

정보처리이론에 따르면 정보는 감각기억 sensory memory – 작업기억 working memory – 장기기억 long-term memory 의 매커니즘에 따라 저장되고 활용됩니다. 감각기억은 몇 초 동안 지속되고 사라지지만 주의집중과 지각을 통해 작업기억으로 전환될 수 있습니다. 작업기억은 새로운 정보를 이해하고, 학습하고, 문제를 해결하는 데 필요한 인지 능력을 지원합니다. 하지만 작업기억 역시 정보는 일시적으로 저장됩니다. 정보는 작업기억에서 시연 rehearsal , 부호화 encoding , 인출 retrieval 을 통해 장기기억으로 전이 transfer 됩니다.

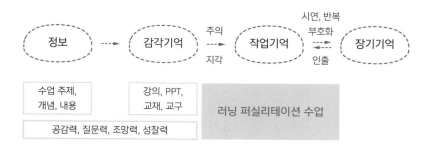

그동안의 수업 준비는 수업 정보 수업 주제, 개념, 내용 를 어떻게 선정하느냐, 그것을 어떻게 전달하느냐 강의, 자료, 교재, 교구 에 집중했습니다. 러닝 퍼실리테이션은 여기에 학생들이 어떻게 학습하는가까지 주목합니다. 러닝 퍼실리테이션은 학습자가 학습 정보에 집중하고, 지각할 수 있도록 제공합니다. 정보를 감각기억을 넘어 작업기억으로 전환하기 위해서입니다. 또한 러닝 퍼실리테이션은 다양한 활동을 설계합니다. 이는 작업기억에서 장기기억으로 전이 될 수 있도록 돕기 때문입니다. 이 학습 과정을 설계하는 방식이 햄버거 모델이고 그것에 적합한 활동이 토핑이 됩니다.

러닝 퍼실리테이션은 지식적 측면만 강조하지 않습니다. 효율적으로 암기하고 시험 성적을 올리는 것만으로는 역량개발이 이뤄지지 않기 때문입니다. 러닝 퍼실리테이션 수업 속 토핑을 선정할 때 무엇이 더 좋은 학습활동이라고 단정 짓지 않습니다. '만들기, 해보기' 같이 '시연'하고, '부호화'하는 활동만 적합한 방법이라고 이야기하지 않습니다. 학습은 순차적이면서 종합적으로 이루어집니다. 학습자와 학습할 주제, 환경 등을 고려한, 다시 말해 공감력, 질문력, 조망력, 성찰력을 고려해 선정된 토핑이라면 보기, 듣기, 읽기도 충분히 좋은 활동이 됩니다.

토핑이 많이 들어갔다고 무조건 좋은 햄버거가 아닙니다. 사용할 수 있는 토핑은 다양하지만, 러닝 퍼실리테이션에서는 햄버거에 너무 많은 토핑을 넣는 것은 지양합니다. 학습자가 체할 수 있습니다. 보통 1차시에 3가지 토핑을 넘지 않도록 설계합니다.

다음 표에 간단 토핑 20가지를 소개했습니다. 토핑으로 소개했지만, 빵이나 패티로도 활용할 수 있습니다. 쉬운 활용을 위해 Preview - View - Review로 나눠 정리했습니다. 이 20가지 토핑 중 ⑩PREP과 ⑬ KWLM은 이해를 돕기 위해 활동지 예시를 실었습니다.

간단 토핑 20가지

Preview : Thinking	View: Teaching	Review: Training
[보기] ① 주제 관련 동영상 보기 ② 사진, 실물 보기 [읽기] ③ 주제 관련 자료 읽기 [쓰기] ④ OX퀴즈 풀기 ⑤ 초성퀴즈 풀기 ⑥ 빈칸 채우기 퀴즈 ⑦ 질문에 대한 답변 적기 (경험, 생각, 느낌) [말하기] ⑧ 주제 관련 경험, 생각, 느낌을 말하기	[듣기, 쓰기, 말하기] ⑨ 주제 관련 핵심 단어, 핵심문장 만들기 예) 주제에 대해 3가지로 설명 공차(공통점, 차이점)로 설명 장단(장점, 단점)으로 설명 이방(이유, 방법)으로 설명 현미(현재상황, 미래 가정)로 설명 ⑩ RREP (활동지 예시) (Point-Reason-Example-Point)	[쓰기] ⑪ 객관식, 주관식 퀴즈 풀기 ⑫ Feel-Learn-Do (느낀 것, 배운 것, 실천할 것) ⑬ KWLM (활동지 예시) (Know-Want to know-Learn- want to know More) ⑭ Stop-Still-Start (멈추기, 유지하기, 새로 시작 하기) ⑮ 그리기 (마인드 맵, 비주얼 씽킹) [말하기] ⑯ 질문에 관한 토의하기 ⑰ 배운 것 가르치기 ⑱ 상호 피드백하기 [만들기] ⑲ 과제에 관한 결과물 만들기 [해보기] ⑳ 직접 실습해 보기 (연극, 실험, 연주, 경기 등)

1-1. PREP 활용 활동지

1-1) PREP 활용 활동지

주 제:

선생님 설명에서 **가장 핵심**이 **되는** 단어는 무엇인가요?
설명의 내용을 요약하며 가장 중요한 내용이 무엇인지 찾아봅시다.

핵심단어, 문장 Point	
이유와 근거 Reason	
실제 사례 Example	
다시 **한 문장으로 정리** Point	

1-2. KWLM 활용 활동지
(Know-Want to know-Learn-want to know More)

1-2) KWLM 활용 활동지

주 제:

1. 수업 시작 Preview
주제와 관련해서 내가 아는 것과 내가 알고 싶은 것은 무엇인가요?

1) 아는 것 Know	내가 아는 것을 세 가지 떠올려 보고 적어보세요. • • •
2) 알고 싶은 것 Want to know	더 궁금한 내용을 질문으로 만들어 세 가지를 적어보세요. • • •

2. 수업 View
오늘 수업 중에서 중요한 단어, 내용, 기억하고 싶은 것들을 적어보세요.

3. 수업 정리 Review
오늘 수업을 듣고 배운 것, 더 알고 싶은 것은 무엇인가요?

1) 배운 것 Learn	수업에서 배운 내용 중 가장 중요하다고 생각하는 단어를 세 가지 떠올려 볼까요? 그 단어를 써서 수업 내용을 정리해 보세요. • • •
2) 더 알고 싶은 것 want to know More	수업 내용과 관련해서 더 알고 싶은 것이 있나요? 무엇이든 좋아요! 내 생각을 적어보세요. • • •

02 러닝 퍼실리테이션 햄버거 세트 10가지

햄버거 세트 활동지는 빵-토핑-패티-빵 세트로 수업 전체를 담은 활동지입니다. 이 책 1~5장의 수업 사례에서 사용한 활동지를 현장에서 쉽게 활용하도록 담았습니다. 마지막 '학습 동기를 높이는 활동지'는 학습의 의미를 발견해 나갈 수 있는 활동입니다. 목표를 정하여 주도성을 갖게 하고, 규칙을 세우며 자신의 태도를 스스로 결정해 수행하고, 자신의 위치를 확인하며 학습할 수 있는 일련의 과정을 담았습니다. 다음 활동지는 예시로 삼아 수업에 맞게 변형하여 활용해 보세요.

2-1. 암묵지를 형식지로 만드는 활동지

[수업사례 1] 경험의 지혜를 배움으로: 학생들이 만드는 우리만의 숙제 해결법

2-1) 암묵지를 형식지로 만드는 활동지
(수업사례1) 경험의 지혜를 배움으로: 학생들이 만드는 우리만의 숙제 해결법

주 제:

1단계	주제에 대한 여러분의 경험이나 나만의 비결을 써보세요.

▽

2단계	자신이 쓴 내용을 친구들과 공유하며 비슷한 내용끼리 묶고, 이름을 붙이세요.

▽

3단계	지금까지 나온 노하우를 몇 가지로 정리해 보세요.

2-2. 월드 카페 활동지

[수업사례 4] 대화가 만드는 평가의 혁신: 월드카페와 루브릭의 만남

2-2) 월드 카페 활동지
(수업사례) 대화가 만드는 평가의 혁신: 월드카페와 루브릭의 만남
<월드 카페 호스트를 위한 활동지 1-테이블 활동 진행>

오늘의 주제:

우리 팀에서 나온 의견:

근거 1	근거 2	근거 3

▶ ▶ ▶ ▶ ▶ ▶ ▶ ▶ ▶ ▶ ▶ ▶ ▶ ▶ ▶ ▶ **ROUND 1** ◀ ◀ ◀ ◀ ◀ ◀ ◀ ◀ ◀ ◀ ◀ ◀ ◀ ◀ ◀ ◀

1 라운드 손님 의견:

근거 1	근거 2	근거 3

▶ ▶ ▶ ▶ ▶ ▶ ▶ ▶ ▶ ▶ ▶ ▶ ▶ ▶ ▶ ▶ **ROUND 2** ◀ ◀ ◀ ◀ ◀ ◀ ◀ ◀ ◀ ◀ ◀ ◀ ◀ ◀ ◀ ◀

2 라운드 손님 의견:

근거 1	근거 2	근거 3

▶ ▶ ▶ ▶ ▶ ▶ ▶ ▶ ▶ ▶ ▶ ▶ ▶ ▶ ▶ ▶ **ROUND 3** ◀ ◀ ◀ ◀ ◀ ◀ ◀ ◀ ◀ ◀ ◀ ◀ ◀ ◀ ◀ ◀

3 라운드 손님 의견:

근거 1	근거 2	근거 3

2-2. 월드 카페 활동지
[수업사례 4] 대화가 만드는 평가의 혁신: 월드카페와 루브릭의 만남

<월드 카페 호스트를 위한 활동지 2-종합 정리용>

오늘의 주제:	
공통적이고 중요한 내용	
공통적이지는 않지만 의미 있는 내용	
종합의견	
활동을 마친 후 소감	

2-3. 조용한 대화 활동지
[수업사례 5] 조용한 대화로 여는 그림책의 세계: 깊이 있는 통합 학습

2-3) 조용한 대화 활동지
(수업사례 5) 조용한 대화로 여는 그림책의 세계: 깊이 있는 통합 학습 (활동 종이는 개별 종이 또는 큰 전지를 사용해도 좋습니다.)

주 제:

이 름:

주어진 주제에 대한 자신의 생각과 그 이유를 적어요.

다른 친구들과 종이를 바꿔 읽고, 댓글을 써 주어요.

정해진 시간이 끝나면 원래 자신의 종이를 받아 친구들이 써 준 글을 읽어요.

2-4. 인출 훈련 활동지

[수업사례 6] 기억을 지식으로: 인출 훈련을 통한 줄거리 발표

2-4) 인출 훈련 활동지
(수업사례 6) 기억을 지식으로: 인출 훈련을 통한 줄거리 발표

1. 주어진 자료를 집중해서 혼자 읽어요.

▼

2. 짝과 가위바위보를 해서 순서를 정해요. 전체 줄거리를 소리 내어 발표해요.

▼

3. 짝과 번갈아 가면서 전체 줄거리를 5단계로 소리 내어 발표해요.

▼

4. 읽고, 발표한 내용을 떠올리며 전체 내용을 5단계 글로 요약해서 써요.

▼

5. 단계별 요약 내용 옆에 읽기 자료의 관련된 부분을 찾아 적어요.

단계별 요약 내용	쪽수
①	
②	
③	
④	
⑤	

2-5. RRR 읽기 전략

2-5) RRR 읽기 전략

주 제:	(페이지: ~)

1. 훑어보기 (Read) 책을 훑어보고 질문 만들어 보아요!

▷ 지문을 빠르게 읽기: 제목, 소제목, 주요 단락, 그림, 표 등을 살피며 내용을 파악하기
▷ 질문 만들기
  [방법] ①제목을 질문으로 바꾸기 ②교과서에서 진한 글자를 질문으로 만들기

1)
2)
3)
4)
5)

2. 읽기 (Repeat) 책을 소리 내어 읽고 만들어 둔 질문에 답해요.

▷ 짝꿍과 번갈아 가며 소리 내서 읽어요.
▷ 짝꿍과 각자 만든 둔 질문에 답을 적어보아요. 단, 책을 보지 않고 답해 보아요.

내 질문의 답변	짝꿍 질문의 답변
1)	1)
2)	2)
3)	3)
4)	4)
5)	5)

3. 다시 읽기 (Remind) 다시 읽으며 확인하기

▷ 다시 읽으며 답이 맞는지 확인해요.
▷ 진단평가를 해서 현재 수준을 확인해요.

2-6. 헤드라인 문장 만들기 활동지

[수업사례 8] 과학자의 눈으로 세상 읽기: 헤드라인 문장 만들기

2-6) 헤드라인 문장 만들기 활동지
(수업사례 8) 과학자의 눈으로 세상 읽기: 헤드라인 문장 만들기

주 제:

1. 주제에 따라 조사한 내용을 요약해서 5줄~10줄 정도로 정리해서 적어요.

2. 정리한 내용을 담고 있으면서도 읽는 사람의 관심을 끌 수 있는 헤드라인 3개 정도를 쓰고 친구와 이야기를 나누어요.

①

②

③

3. 자신이 쓴 내용과 가장 어울리는 헤드라인 1개를 정해서 써요.

2-7. 갤러리 워크 활동지

[수업사례 9] 책의 탄생 과정을 함께 걷다: 편집자와의 만남과 갤러리 워크

2-7) 갤러리 워크 활동지
(수업사례 9) 책의 탄생 과정을 함께 걷다: 편집자와의 만남과 갤러리 워크

<관람자를 위한 활동지>

1. 관람할 모둠을 순서대로 써요.

(   )모둠 ⇒ (   )모둠 ⇒ (   )모둠 ⇒ (   )모둠

2. 갤러리 워크를 하면서 관람한 모둠의 특징을 간단하게 정리해요.
(도슨트의 설명, 기억에 남는 부분 등)

( )모둠	
( )모둠	
( )모둠	
( )모둠	

2-8. 문제 내기 활동지

[수업사례 10] 학생이 주도하는 수학 평가 혁신: 문제 제작 프로젝트

2-8) 문제 내기 활동지
(수업사례 10) 학생이 주도하는 수학 평가 혁신: 문제 제작 프로젝트

주 제:

1. 제시된 주제에 대해 친구들이 풀거나 답할 수 있는 문제를 직접 만들어요.

문제	

2. 옆의 친구와 종이를 바꿔서 문제를 풀어요.

풀이와 답	

3. 서로 문제의 답을 확인하고, 풀이 과정을 설명해요.

2-9. Two Stars, One Wish 활동지

[수업사례 11] 평가 기준의 공동 설계: 학습자가 만드는 성장의 이정표

2-9) Two Stars, One Wish 활동지
(수업사례11) 평가 기준의 공동 설계: 학습자가 만드는 성장의 이정표

1. 친구들의 발표를 주의 깊게 듣거나, 집중하여 작품을 감상해요.

2. 친구들의 발표가 끝날 때마다, 2가지 빛나는 점과 1가지 바라는 점을 써요.

이름	2가지 빛나는 점 ★★	1가지 바라는 점 ♠
	★ ★	♠
	★ ★	♠
	★ ★	♠

3. 친구들과 함께 내용을 공유하고 가장 마음에 남는 내용을 적어봅시다.

231

2-10. 학습 동기를 높이는 활동지

2-10) 학습 동기를 높이는 활동지

주 제:

1. 학습 목표 정하기

2. 학습 규칙 정하기

1) 나의 규칙

2) 조의 규칙

3) 선생님에게 건의 사항

3. 학습 상태 확인하기

• 진단 질문 제시(예시)

	아니오 ⇐ 보통 ⇒ 네				
1) 러닝 퍼실리테이션을 들어본 적 있나요?	①	②	③	④	⑤
2) 러닝 퍼실리테이션에 대해 설명할 수 있나요?	①	②	③	④	⑤
3) 러닝 퍼실리테이션을 수업에서 활용하고 싶나요?	①	②	③	④	⑤

우리가 책을 쓰며 경험한 것

책을 써 나갈 때도 어려웠지만 에필로그를 쓰려니 더 큰 어려움이 느껴집니다. 돌이켜보는 것이 중요하다고 늘 역설하면서도 제가 해온 일을 돌이켜보면 왜 그리 부끄러운 마음이 드는지 한사코 빨리 덮어버리고 싶은 마음만 한가득입니다.

이사를 해본 적이 있는 분들은 이사 자체보다 이사하기 전에 집을 정리하는 일이 얼마나 큰 일인지 잘 아실 겁니다. 이건 정말 보통 일이 아니에요. 게다가 오래 살던 집에서 이사를 하게 된다면 차라리 이사를 다시 취소하고 싶은 정도입니다. 그러게, 평소에 정리정돈을 잘하고 살았으면 이런 일이 없었을 텐데 후회해 보지만 이미 늦어도 너무 늦었죠. 그러나 이사 전 억지로 하는 정리에도 기쁨이 숨어있습니다. 이런 게 아직도 집에 있었구나, 이게 여기 들어있었네, 하며 보물찾기를 할 수 있거든요. 또 그때는 미처 정리할 겨를이 없어 미뤄두었던 것들을 차곡차곡 꺼내 깨끗이 손질하고 사용하기 편리하게 정리하며 새로운 보물이 되는 것을 보는 기쁨도 찾을 수 있습니다.

이번 작업이 이사 전 정리하는 과정과 비슷했다는 생각이 듭니다. 그동안 여기저기 산재되어있던 학습자료와 학생들의 학습 결과를 다시 꺼내 하나하나 살펴보다 보니 그때의 추억을 되새기며 새로운 보물을 찾는 기쁨을 느낄 수 있었습니다. 그동안 이만큼 열심히 연구했구나, 이 땐 이런 생각을 했었네, 하며 나름의 보물찾기를 할 수 있었지요. 그간 수업 연구를 하며 늘 보물만 만들어 낸 것은 아니었어요. 잡동사니만 잔뜩 만들었을 때도 분명 있었지요. 그러나 잡동사니를 만들었을지라도 언제나 어디에선가는 노력하고 있었던 자신에게 큰 칭찬의 박수와 응원을 보내고 싶어졌습니다. 그런 잡동사니들이 모여 지금 내가 가진 교육철학을 단단히 할 수 있는 거름이 되어주었으니까요.

이 책을 펼쳐보고 여기까지 읽으신 독자님들께도 그런 박수와 응원을 보내고 싶습니다. 여러분이 지금 하시는 수많은 노력과 실패는 결코 헛된 것이 아니며 언젠가 빛을 발하기 위해 내면의 빛을 응축하는 과정이니까요. 그리고 그 여정에서 혹시 이 책이 영감을 드릴 수 있다면 좋겠습니다. 방향을 가리키는 등대가 되어준다면 더할 나위 없지요.

교육이라는 장르는 투입한 만큼 바로 결과가 보이지 않아 답답하기도 하고, 얼마나 기다려야 나의 노력이 학생들에게 빛나는 열매로 결실을 맺을지도 알 수 없어서 때론 허무하기도 합니다. 그러나 이 장르에 오랫동안 몸담아 온 사람으로서의 결론은 언제나 어느 순간에나 사람은 성장한다는 것입니다. 그 성장의 속도와 방향이 조금씩 다를지라도 각자 자신의 속도와 방향을 찾아가며 성장해 가는 것이지요. 우리는 러닝 퍼실리테이션이라는 기법을 통해 각자가 학습의 방향을 찾을 수 있기를 희망합니다. 그리고 자신의 속도를 찾아낼 수 있는 값진 경험을 쌓아가길 바랍니다. 우리 학생들이 자신의 길을 찾아갈 수 있도록 모두가 함께 응원할 수 있기를 기대합니다.

수석교사 조선형

제가 'Learning by Doing'을 생각하며 러닝 퍼실리테이션을 공부한 내용을 실전에 활용한 이유는 두 가지입니다. 첫 번째는 뛰어난 전문가에게도 초보의 시절이 있었을 거라는 믿음과, 두 번째는 하나의 수업이 끝날 때마다 아이들이 보여주는 성장을 통해 교사로서 느끼는 뿌듯함 때문이었습니다.

처음에는 어렵다며 머리를 부여잡던 아이들이 점점 질문을 만드는 일에 좀 더 익숙해지고, 주어진 문제 해결을 위해 친구들과 끊임없이 상호작용을 하면서 수업 시간은 생기가 돌았습니다. 교사인 저는 수업을 준비하면서 '아이들이 이것을 왜 배워야 하지?', '이 활동이 꼭 필요한가?'라는 질문을 끊임없이 해야 했습니다.

그렇게 러닝 퍼실리테이션 수업을 계속 진행하면서 누구보다 제가 그 재미에 푹 빠져버렸습니다. 이곳의 이야기가 또 다른 교실의 아이들과 선생님들에게 마중물이 되길 바라며, 책을 읽으시는 동안 다양한 마음이 일어나면 좋겠습니다.

'이런 방식으로 수업할 수도 있구나' 고개를 끄덕이거나, '별거 없네' 생각하거나, '나랑 비슷하네. 그런데 여기는 이렇게 바꾸면 좋을 것 같아' 의견을 제시하거나, '왜 이렇게 설계했을까?' 의문을 가지거나, '우리 반도 한 번 해볼까?' 새로운 마음이 들거나요.

마지막으로 '이 정도면 나도 하겠다' 그런 마음이 조금이라도 드신다면 더 바랄 것이 없겠습니다.

교사 신현주

선생님도 러닝 퍼실리테이터입니다.

연구소에서 연구원으로 수업을 관찰할 기회가 많았습니다. 컨설팅이나 연구로 여러 학교, 다양한 교과의 수업을 만났습니다. 그때 '아! 이 수업 참 좋다'라는 생각이 들 때가 종종 있었습니다. 그런 수업의 풍경은 이렇습니다. 교사는 학생들을 환대하며 학습으로 초대합니다. 학생들은 학습에 주도적으로 참여하고 동료들과 어우러지는 모습 속에서 배움의 생기가 느껴집니다. 수업 속에 다양한 장치들이 있는데 과하지 않고 질서가 있습니다. 그때 이런 수업을 뭐라고 부르면 좋을까 생각했었습니다. 저는 이런 수업을 러닝 퍼실리테이션(을 활용한) 수업이라고 말하고 싶습니다. 이런 수업을 지향하신다면 선생님은 이미 러닝 퍼실리테이터십니다.

이 책이 러닝 퍼실리테이션 수업을 지향하는 교수자들에게 조금이나마 도움이 되면 좋겠습니다. 저 또한 러닝 퍼실리테이션으로 도움을 받았습니다. 우선 제 수업이 달라졌습니다. '나는 어떻게 학습자를 만나야 하나? 어떻게 학습자들이 더 주도성을 가지고 참여하게 할 수 있을까? 어떻게 해야 배움과 성장이 있는 수업이 될까?' 중구난방 흩어져 있던 고민들이 4가지 질문 공감력, 조망력, 질문력, 성찰력 과 햄버거 모델로 구체화 되었습니다. 4가지 질문으로 수업을 준비하는 과정은 묵직해졌고, 햄버거 모델로 내가 주도하던 강의의 힘은 빠졌습니다. 그러니 학습자들의 반응이 달라졌습니다.

『러닝 퍼실리테이션: 가르치지 말고 배우게 하라』로 러닝 퍼실리테이션을 배웠는데 저자인 정강욱 대표님과 함께 집필할 수 있어서 영광입니다. 이론과 현장의 전문가로 이 책의 방향성을 이끌어 주고 내용

을 풍성히 채워준 조선형 수석님, 신현주 선생님 감사합니다. 저에게
협업하는 과정 자체가 배움의 시간이었습니다. 이 책을 만나는 독자들
에게도 동일한 감동과 성장이 있길 소망합니다.

코치 김지현

가르치지 말고 배우게 하라: 학교편

초판 1쇄 발행 2025년 3월 20일

지은이　정강욱 조선형 신현주 김지현
기획　　정강욱 이연임
편집　　백예인
디자인　윤단비
출판　　리얼러닝
주소　　서울시 마포구 어울마당로1길 18, 2층
전화　　02-337-0333
이메일　withreallearning@gmail.com
출판등록　제 406-2020-000085호
ISBN　　　979-11-991584-0-5